암웨이 그 놀라운 자유

Empire of Freedom

by James W. Robinson

Copyright© 1996 by James W. Robinson
Original English edition published by
Prima Publishing Korean translation copyright© 1996
by Yong-An Media

옮긴이
박혜진

1971년 부산 출생.
부산대학교 졸업.
부산대학교 대학원 통역 · 번역 전문과정 수료.
부산 외국어 학원 강사.
현재 '이미지 컨설팅'사의 전문 번역가로 활동 중.

판권본사
독점계약

암웨이 그 놀라운 자유

지은이 • 제임즈 W.로빈슨
옮긴이 • 박혜진
감수자 • 김시중
펴낸이 • 김시중
인쇄일 • 1996년 12월 26일
발행일 • 1996년 12월 31일
펴낸곳 • 용안미디어
주 소 • (135-081)서울시 강남구 역삼1동
            694-11 세강빌딩 3층
전 화 • (02)569-5024(대)
팩 스 • (02)569-5009
등 록 • 1994년 2월 25일 제16-837호
가 격 • 8,000원

ISBN 89-86151-19-7
* 파본은 바꾸어 드립니다.

암웨이 그 놀라운 자유

제임즈 W.로빈슨 지음

박혜진 옮김 · 김시중 감수

용안미디어

•차 례•

머리말 • 10

감사의 말 • 14

독자에게 • 16

제1장 성공을 찾아 떠난 항해

암웨이와의 만남 • 21
미국 제일의 다이렉트 셀링 기업 • 27
암웨이 창립의 주역, 제이와 리치 • 31

제2장 최고의 시대와 최악의 시대

전화위복 • 40
새로운 현실 • 42
더 이상 보장이란 없다 • 44
풍족한 삶의 비싼 대가 • 46
새로운 기회 • 48
암웨이를 통해 얻는 자유 • 50
이상주의와 물질주의 • 51
성공에 필요한 처방 • 53
계속 들어오는 수입 • 55
정신적 빈곤에서 벗어나 • 56
현 경제상황에서 유일하게 확실한 사업 • 58

제3장 키트 속에 들어 있는 사업

암웨이는 자영사업이다 • 63
플랜 • 65
암웨이의 성공 사다리 • 69
암웨이 제품 • 70
암웨이 철학 • 72
암웨이와 소비자 혁명 • 74
경력이나 자본 없이 성공하기 • 76
국제사업도 가능한 암웨이 비즈니스 • 80
암웨이 키트 • 82

제4장 가정의 중요성

암웨이는 가족사업이다 • 88
결속력 강화하기 • 90
남편을 되찾게 해 준 암웨이 • 93
동생의 파수꾼 • 95
암웨이라는 유산상속 • 97
대가족 • 98
쓰라린 시절을 승리로 바꾼 힘 • 99
포기하지 말라 • 102
훌륭한 스승들 • 104
암웨이 경영진의 세대교체 • 106

제5장 모든 역경을 딛고

고난을 딛고 성공하는 일 • 115
험난한 인생의 파도 • 116
과거의 절망, 현재의 암웨이 • 118
중퇴생의 꿈 • 123
오만과 편견 • 126
고난 끝에 성취한 다이아몬드 핀 • 129
만인을 위한 회사 • 131

제6장 성공의 의미

자유로운 삶을 찾아서 • 137
말더듬 증세를 고쳐 준 암웨이 • 141
'내 목표는 남을 돕는 것' • 142
진정한 자유의 의미 • 143
세상에서 가장 창조적인 사업 • 144
셋방살이에서 백만장자가 되다 • 146
신나는 삶의 주역들 • 147
성공의 원동력은 자신의 마음 • 148
용광로와 같은 기업 • 149
암웨이의 수입 • 150
꿈이 있는 사람은 성공한다 • 154

더 나은 삶을 추구하는 사람들 • 155

제7장 세계로

국경이 없는 비즈니스 • 161

암웨이는 국제적 가족 • 164

미국 제일의 수출회사 • 166

암웨이의 성공신화 • 168

세계로 진출하는 암웨이 • 170

굳게 닫힌 문 열기 • 172

유럽과 남미 • 176

언어의 장벽을 뛰어넘어 • 178

오! 캐나다 • 182

커지는 골칫거리 • 183

아시아, 그 거대한 시장 • 184

탁월한 네트워크 사업 • 188

수출 주력에서 소비 위주로 • 189

베트남에서의 사업 가능성 • 191

남성 위주에서 여성의 등장으로 • 194

암웨이의 대아시아 전략 • 195

일본 암웨이 : 장벽 무너뜨리기 • 197

일본에서 발견한 노다지 • 201

중국과 다른 아시아 미개척지 • 205

어린이에게 주는 선물 • 208

제8장 한 팀이 되어

암웨이의 사회 기여도 • 217
암웨이에 외톨이는 없다 • 220
남을 도움으로써 얻는 효과 • 222
성공의 필수적 요소 • 225
진실한 동반자 • 228
이 사업의 핵 • 230

제9장 가상 사업-현실 수익

꿈의 세계 암웨이 비즈니스 • 235
기술로 얻는 자유 • 238
자기 방식대로 • 243

제10장 회의적인 사람과의 대화

목표 설정이 성공의 지름길 • 247
암웨이는 피라미드 조직? • 249
암웨이에겐 내가 과분해! • 253
비누나 팔고 싶진 않아! • 257
암웨이 플랜의 기본 원칙 • 259
자립의 기회를 잡을 것 • 262

성공자의 이야기가 동기부여의 원천 • 264
암웨이의 윤리강령 • 265
암웨이는 종교 단체가 아니다 • 267

제11장 당신은 혼자가 아니다

남을 돕는 암웨이 정신 • 271
덱스터 야거의 전설적인 성공담 • 274
환경 보호에 힘쓰는 암웨이 • 278
더불어 사는 삶의 실천자들 • 279

제12장 진실의 순간

꿈을 제공하는 기업 • 287
역사적 추세에 동참하라 • 290
대망을 꿈꿀 기회 • 292
인생을 바꾸어 놓은 암웨이 • 294
벽이 없는 제국 • 296
자유, 그 아름다운 말의 울림 • 300

부록

암웨이 윤리 강령 • 303

■ 머리말

더 나은 세상을 만드는 놀라운 이야기

암웨이는 1959년 한 시골 마을에서 문을 열었다. 현재는 70여 개 국에서 2백 50만 명의 회원이 연간 수십억 달러의 매출을 올리고 있다. 바로 미국 업계 사상 가장 놀라운 암웨이의 이야기다. 암웨 이는 장안의 화제가 되었다. 하지만 거기엔 성공 이상의 의미가 있다. 암웨이의 성공은 자유, 기업정신, 책임의식, 그리고 가족애 가 범세계적인 가치라는 사실을 확인해 주었다. 일단 기회가 주어 지면 그 어떤 나라나 문화도 이것을 막을 수 없었다.

얼마 전 공산 체제가 무너진 한 나라에서 암웨이가 사업을 시작 했을 때 희망에 찬 수만 명이 문을 부수다시피 하며 암웨이에 가입 하기 위해 몰려들었다. 별로 놀랄 일도 아니다. 암웨이는 평범한 사람들에게 소자본의 사업기회를 주어서 꿈을 실현할 기회를 제공하기 때문이다. 따라서 암웨이 성공 전략은 단순히 미국인뿐만 아니라 전세계인의 호응을 얻었다.

암웨이가 처음부터 시선을 모았던 것은 아니다. 두 청년이 몇 푼 되지 않는 돈으로 가족을 먹여 살릴 방법을 찾는 과정에서 암웨이가 창업되었다. 두 사람이 처음 시작한 암웨이가 지금은 수백만의 가족을 먹여 살리는 회사로 성장한 것이다. 암웨이는 세계적 다이렉트 셀링 기업으로서 경제적, 사회적, 정치적 변화를 주도하고 있다. 또한 싸고 편리한 정보통신의 도움을 받아 한 사람이나 한 가족이 운영하는 자영업이 급속히 증가하고 있다. 본인의 최근 저서 〈멜트다운 온 메인 스트리트(Meltdown on Main Street)〉에서도 언급했다시피, 소기업 혁명이 일어나고 있으며 머지않아 정치경제 전반에 큰 영향을 미칠 것이다. 바로 암웨이가 이 혁명을 주도하고 있는 것이다. 암웨이가 초고속으로 성장하여 세계 경제에 지대한 영향을 미쳤고 소비자의 구매 패턴을 변화시킴으로써 암웨이 신화가 창조된 것이다. 더욱 중요한 사실은, 암웨이의 성공 원인은 사람 중심에 있다는 것이다. 암웨이의 성격은 철저하게 구성원의 성격으로 나타난다.

나는 암웨이 공동 창업자인 리치 디보스와 제이 밴 앤델을 직업 상으로나 개인적으로 20년 넘게 알고 지내 왔다. 그들은 여느 성공한 거부들과는 다르다. 그들을 알면 알수록 좋아하고 존경하게 된다. 그들을 생각했을 때 떠오르는 단어로는 성실, 정직, 가족애, 그리고 주위의 비난이나 결과에 연연하지 않는 소신과 용기이다.

리치와 제이는 암웨이가 가족에게 좋은 기업이라고 말한다. 실제로 디보스의 가족과 밴 앤델의 가족에게는 암웨이가 언제나 가족 일이었고 바로 지금도 여덟 자녀 모두가 암웨이를 21세기로 이끌기 위해 발로 뛰고 있다. 또 리치와 제이는 암웨이가 서로의 성공을 돕는다고 말한다. 실제로 그들의 우정과 동업관계는 50년 이상 굳건하게 계속되었다. 세계 대기업 사장 중에 그토록 오랜 기간 동업관계를 유지한 사람이 있는가? 사이가 벌어질 일도 없지 않았으련만 그런 일은 결코 일어나지 않았다. 앞으로도 그럴 것이다.

이 책의 저자인 제임즈 로빈슨이 1980년초에 상공회의소에 왔을 때 그는 아직 새파란 청년이었다. 그러나 이미 로널드 레이건 등 유명 인사의 연설문을 작성하는 등 화려한 경력을 가진 젊은이였다. 맨 처음 인상깊었던 점은 짐이 자유기업에 대한 남다른 소신을 가졌으며, 미국 건국 이념과 상공회의소 설립 취지를 계승하기 위해 자신의 언어 능력을 발휘하려는 열정을 가졌다는 것이다.

그 후 짐은 저명한 정부 인사와 재계 인사를 위해 활발하게 활동했다. 1980년대말에는 캘리포니아 주지사가 캘리포니아 국제사업 계획의 작성과 5개의 캘리포니아 무역사무소 네트워크의 해외설치 업무를 그에게 맡겼다. 짐은 본 저서 이전에도 이미 다섯 권의 책을 저술한 바 있는데 베트남의 정치, 경제, 그리고 사업 기회 등을 다룬 책들이다. 70개국 세계인의 삶을 긍정적으로 향상시키는 데 적극 참여하는 암웨이가 새로운 역사의 장을 열려는 이 시점에서, 암웨이를 소개할 사람으로는 짐이 적임자이다.

여러분이 암웨이의 가족 여부에 관계 없이, 새출발을 원하는지 여부에 관계없이 모든 이에게 이 책을 적극 추천하는 바이다. 평범한 사람들이 결코 평범하지 않은 일을 해내어, 보다 나은 세상을 만드는 놀라운 이야기가 이 책 속에 들어 있다.

리차드 L. 레셔
미국 상공회의소 소장

■ 감사의 말

암웨이 영웅들과 벗들에게

책을 저술할 때는 여러 가지 형태로 도움을 얻기 마련이다. 내가 이 책을 쓸 수 있도록 물심양면으로 도와 주신 분들께 진심으로 감사드린다.

바실 할라비는 진실한 친구일 뿐만 아니라 창의적이고 노련하며 헌신적인 연구자다운 모습을 보여 주었다. 벤과 낸시 도미니츠는 나를 지도해 주고 영감을 주었다.

이 책의 저술을 위해 도와 준 다음 분들께 감사드린다.

짐 도넌, 짐 엘리어트, 짐 플로어, 브라이언 헤이즈, 팻 커프만과 그의 아내 베티, 프랭크 모렐즈, 윌리 빅터, 댄 윌리엄즈와 그의 아내 버니, 그리고 다른 많은 암웨이 리더들. 이들은 나를 돕기 위해 귀중한 시간을 할애해 주었다.

톰 도나휴와 딕 레셔는 지도 편달을 아끼지 않았다.

암웨이의 킴 브루안과 베스 도넌과 프리마 출판사의 카렌 블랑코, 스티븐 마틴, 수잔 실버, 그리고 제니퍼 베시 센더, 그리고 직접 만나거나, 전화나 테이프로 나에게 자신의 이야기를 들려준 암웨이 영웅들에게 이 책을 바친다. 미처 언급하지 못한 분들이 많지만 그 분들의 성공담과 경험을 이 책에 소개함으로써 감사 표시를 대신하고자 한다.

또한 토니 그린, 수지 매튜, 그리고 ATA의 다른 동료들에게도 감사드린다.

언제나 곁에서 도와 주는 덕과 대그니에게도 감사드린다.

■ 독자에게

자유 기업 암웨이로 풍요한 삶을!

이 책은 사람들이 자유 기업 활동으로 많은 일을 하도록 정신적으로 돕는 한 기업의 이야기를 다룬다.

이 기업은 암웨이이다. 더 정확히 말하자면 암웨이는 여러 개의 호칭을 가지고 있다. 다이렉트 셀링 기업, 네트워크 마케팅 기업, 그리고 다단계 마케팅 기업 등등이다.

암웨이는 또한 리더십 기업이다. 사람이 중심인 기업이다. 이 책을 쓰기 위해 나는 가능한 한 많은 암웨이 리더들과 이야기를 나누었고, 리치 디보스의〈더불어 사는 자본주의(Compassionate Capitalism)〉와 같은 훌륭한 저서에서 많은 정보와 영감을 얻었다.

암웨이의 성공한 리더들을 인터뷰한 것이 나에겐 잊을 수 없는 소중한 경험이다. 암웨이 디스트리뷰터들을 인터뷰하는 것에만

1~2년이 더 걸릴 수도 있었다. 하지만 내가 들은 이야기를 독자에게 시급히 알려야 할 절실함을 느꼈다. 밖에서는 암웨이에 대해서 뿐만 아니라 삶 자체에 대한 비관주의가 팽배해 있기 때문이다. 따라서 사람들이 목말라 하는 이야기를 시급히 전하기 위해, 더 많은 사람들의 이야기를 이 책에 실으려는 욕심을 일단 접어야 했다. 인터뷰를 통해 이 책에 소개하게 된 분들께 진심으로 감사를 드린다. 소개되지 않았더라도 결코 당신이나 당신 조직의 업적을 무시해서가 아님을 부디 이해해 주길 바란다.

암웨이에 대한 오해를 바로잡고 가능한 한 많은 이들에게 희망의 메시지를 전하는 것이 가장 시급하다. 이 과제는 누가 이 책에 언급되었는가 등의 사소한 문제를 초월한다. '남이 잘되어야 나도 잘된다' 라는 말도 있지 않은가? 암웨이 플랜만이 가장 중요하다.

이 책에 소개된 이야기보다 소개되지 못한 이야기가 더 많다. 다음 페이지부터 소개되는 사람들의 이야기는 오로지 그 사람의 성공담이 주는 의미만 보고 이 책에 실은 것이다. 이 이야기들이 나에게도 그러했듯이 여러분의 삶도 풍요롭게 만들길 바란다.

제임스 W. 로빈슨

제 1 장
성공을 찾아 떠난 항해

암웨이와의 만남
미국 제일의 다이렉트 셀링 기업
암웨이 창립의 주역, 제이와 리치

제1장
성공을 찾아 떠난 항해

암웨이가 '엉뚱한 생각' 이라고 당신은 생각할 것이다.
다른 수백만의 세상 사람들처럼.

- 리치 디보스

암웨이와의 만남

"**당**신한테 질문할 게 있어요." 팻 커프만의 태도에 나는 사뭇 당황했다. 왜냐하면 암웨이 성공사례에 관한 책을 쓰기 위해 그들과 인터뷰하는 사람은 바로 나였고 질문할 사람도 나였기 때문이다. 팻과 그의 아내 베티는 미국에서 유명한 암웨이 리더로서, 인터내셔널 코넥션에서 수석 다이아몬드 DD까지 된 사람들이다.

"물론이죠, 팻. 어서 질문하세요." 나는 대답했다.

"도대체 어떻게 그 나이 되도록 암웨이에 대해 한 번도 들어 본

적이 없을 수 있죠? 정말 암웨이에 대해 한 번도 들은 적이 없어
요?"

내가 달리 뭐라 대답하겠는가?

"음······좋은 지적이에요······음······매우 좋은 질문입니다."

나는 그저 우물거렸을 뿐이다.

사실, 나는 정부와 재계의 고위직에서도 근무한 바 있고, 의회 의
원, 대통령 후보, 주지사, 그리고 전당대회를 위해 많은 연설문도
작성하였고, 캘리포니아 주정부가 사업 정책과 국제 무역 전략을
세우는 일을 도운 적이 있다. 홍콩, 일본, 멕시코시티에 해외사무
소를 설치하였고 급성장하고 있는 베트남의 시장에 관해서 책을 펴
낸 적도 있다.

하지만 암웨이에 관해서는 듣도 보도 못했다. 근무지와 출장지에
서도 암웨이 디스트리뷰터를 단 한 명도 만난 적이 없었다. 암웨이
가 성장할 만큼 성장했지만 아직 대다수 전문직에는 소개되지 않은
것도 사실이다.

사실, 딱 한 사람은 만난 적이 있다. 1981년에 워싱턴의 미국 상
공회의소에서 내가 연설문 작성 업무를 갓 시작했을 때였다. 초기
에 참석한 회의 중 하나가 상공회의소 이사회였는데, 그때 매우 인

상적이고 카리스마적인 남자가 일어서서 연설을 하였다. 그는 마치 지미 스튜어트와 빌리 그레이엄을 합쳐 놓은 듯한 인상을 풍겼는데 연설도 기가 막히게 잘했다. 미국과 자유 기업에 관한 아름답고 감동적인 연설이었다. 연설이 끝났을 때 나는 그에게 다가가 인사를 했다.

그가 바로 암웨이의 공동 창업자인 제이 밴 앤델이었다. 그는 언어를 능란하게 구사했다. 중요 인물일 것이라는 생각은 했지만 정확히 어떤 사람인지는 몰랐다.

내가 한 번도 암웨이에 대해 들어 본 적이 없다는 것이 암웨이에게는 별로 상관없을 것이다. 그러나 나에게는 얼마나 큰 손해였던가! 왜냐고?

정계와 재계 인사들을 위해 일하면서 나는 자유 기업과 작은 정부의 필요성을 사람들에게 인식시키려고 노력했다. 나는 꽤 그 일을 잘했고 하는 일에 대해 자부심을 가졌다. 그러나 암웨이 스폰서가 신참 디스트리뷰터에게 맨 처음 가르치는 것이 뭘까? 그건, 자신이 회사 제품을 먼저 알고 직접 써 봐야 한다는 것이다.

나는 그러지 못했다. 나는 자유 기업 정신을 알리면서 정부로부터 보수나 챙길 생각만 했다. 직접 써 보지도 않고 마음으로 깨닫

지도 못한 상품을 팔러 다닌 것과 마찬가지이다.

나는 이 사실을 힘들게 깨달았다.

1990년말 당시 캘리포니아 주지사였던 조지 듀크메이언은 8년 간의 임기를 끝낼 준비를 하고 있었다. 나를 포함한 많은 직원들이 새 출발을 하게 되었다.

주지사는 새 출발에 신이 나 있었다. 도합 28년 동안 캘리포니아의 여러 공직에 몸을 담았던 그는 다른 정치인과는 달리 보직이나 수입에 연연하지 않는 사람이었다. 정계를 떠나 로스앤젤레스의 한 법률 회사에서 변호사 일을 시작할 준비를 하였다.

준비되었다고 생각하긴 나도 마찬가지였다. 모 대기업이 홍보직을 제의해 왔는데 당시엔 상당히 좋은 대우를 약속했다. 나는 그 제의를 거절하고 홍보 회사를 차렸다. 계획은 간단했다. 나의 전 고객이 주지사였기 때문에(연설문을 작성하고, 언론의 문의를 처리하고, 연설 스케줄을 조정했다), 캘리포니아 정부와 언론 매체에 엮어 놓은 연줄로 고객을 쉽사리 확보할 수 있을 거라고 믿었다.

듀크메이언 주지사에게 나의 계획을 말했을 때 그가 한 말을 아직도 생생히 기억한다. "열심히 해보게. 이제까지 자네가 주장한 삶을 실제로 살아 보는 거야. 이젠 정부의 녹을 먹지 않고 독립된 사업가로 살아 보는 거야."

　그러나 나의 첫 사업은 실패로 끝나고 말았다. 이유야 많았다. 경기는 침체했었고, 사람들은 지키지도 못할 약속을 남발했고, 직원이 충분하지 못했다. 전직 주지사를 위한 업무도 많은 시간을 소요했다. 아홉 달만에 사업을 포기하고 다시 공무원 생활로 돌아왔는데, 전에 주지사 밑에서 일할 때보다 낮은 직급으로 훨씬 적은 봉급을 받았다.

　도대체 뭐가 잘못된 건지 알고 싶었다. 내가 그토록 굳게 믿는 기업원리를 직접 실천하는 게 이렇게 어려운 걸까? 암웨이 리더들의 이야기를 듣고 나서야 나는 그 이유를 알아냈다. 모든 문제는 나에게서 나왔다. 나는 두려웠다. 자신감이 부족했다. 거절이 두려웠다. 성공전략을 개발하지 못했다. 사업가니까 모든 일을 혼자 해야 한다고 생각하고 도움을 청하지 않았다.

　모든 게 분명해졌다. 영향력 있는 고위 인사들이 내 사무실 문을 두드리는 데만 익숙했지 내가 그들 방문을 두드린다는 것은 꿈도 꾸지 않았다. 수치스러웠다. 실제로 나는 일거리를 찾아서 과거의 동료나 아는 사람들에게 전화나 걸어 댔다. 그렇게 해서 하루라도 더 버티려고만 했다.

음성사서함에 메시지를 남긴 경우에는 한 시간 혹은 하루 더 거절의 순간을 미룰 수 있었다. 호주 암웨이의 트리플 다이아몬드 DD인 미치 살라와 그의 아내 데이르는 그런 나에게 용기를 주었다. 그들은 암웨이 사업을 하면서 거절에 관한 한 전문가가 되었다.

"일이 잘 안될 때마다 우리를 생각하세요." 이것은 암웨이 사업을 처음 시작하는 디스트리뷰터에게 미치가 늘 하는 말이다. 미치와 데이르는 암웨이 사업 초기에 연이어 42번이나 거절당했다고 한다. 그들은 포기하지 않고 성공을 위해 모진 마음을 먹었다. "거절하는 사람들에게 묻고 싶었죠. '당신 이상한 사람이군. 당신은 자식을 사랑하지 않소?' 그러는 대신 성공에 필요한 모든 일을 하기로 결심했어요."

그들은 마침내 성공했다. 미치 살라와 그의 아내 데이르는 현재 호주 암웨이에서 가장 눈부시게 성장하는 암웨이 조직을 운영하고 있다.

미국 제일의 다이렉트 셀링 기업

나는 그랜드 래피즈시에서 벗어나서 풀톤 로드 쪽으로 차를 몰았다. 산으로 둘러싸인 외딴 시골로 진입했을 때 문득 길을 잘못 들어선 게 아닌가 하고 걱정되었다. 그날 일찌감치 켄트 카운티 공항에 도착한 이후로 농가 외에는 아무것도 보지 못했다. 나는 당황했다. 전세계 70여 개 국에서 왕성한 활동을 하는 수십억 달러짜리 기업이 이런 촌구석에 있다니…….

다음 고개를 넘었을 때 갑자기 도시 하나가 한눈에 들어왔다. 1.2마일 이내에 펼쳐 놓은 듯한 빌딩, 공장, 창고, 그리고 주차장 등이 활기차게 보였다. 운반 기기가 방금 제조된 제품들을 가득 싣고 이동하고 있었다. 새 다이렉트 디스트리뷰터를 가득 태운 버스가 세미나 참석을 위해 도착하고 있었는데 그들의 얼굴은 하나같이 희망으로 부풀었고 목소리는 기대로 가득 차 있었다.

이곳이 바로 미시건주 에이다시의 암웨이 세계 본부였다. 미국 제일의 다이렉트 셀링 기업이자 기업 규모 22위인 암웨이의 심장부인 것이다. 2백 50만의 디스트리뷰터들이 세계 곳곳에서 활동하여 1995년에 63억 달러의 매출을 올렸다. 이는 전년도보다 19% 증가한 수치이고 암웨이가 문을 연 1960년 당시 매출액의 1만 2천 6백

배에 달한다.

이 기록적인 매출을 가능케 하는 데는 57개의 연구 개발(R&D) 연구소에서 근무하는 4백 50명 이상의 과학자들과 전문가들의 공로가 컸다. 현재 암웨이는 전세계적으로 1백 개 이상의 제품 특허권을 보유하고 있다. 1만 3천 명의 직원이 근무하는 1천만 평방 피트 규모의 연구소도 운영하고 있다. 70개 이상의 국가에서 디스트리뷰터들이 영업하고 있으며 1990년 한 해에만 20개 지점의 문을 열었다.

암웨이의 놀라운 성장을 생각하며 길가에 차를 세워 놓고, 암웨이 본사 단지를 내려다보았다. 이 눈부신 성공 뒤에 있는 것이 도대체 뭘까? 암웨이를 포함한 다이렉트 셀링 회사에 대한 부정적 인식에도 불구하고 어떻게 가능했을까?

이 책을 쓰면서도 그런 부정적 인식과 자주 마주쳤다. 이 책에 관해 이야기하면 친구나 직장 동료들은 하나같이 말했다. "맙소사, 짐, 농담이지?" 재미있는 사실은, 그들 중 한 명도 암웨이에 참여해 본 적이 없다는 점이었다.

후덥지근한 그 여름날 풀톤 로드의 갓길에 차를 세울 때 문득 짐 도넌이 생각났다. 짐 도넌은 암웨이 디스트리뷰터의 가장 큰 조직 중 하나인 '네트워크 21'의 창시자이다. 그는 동남아시아에서부터 라틴 아메리카와 동유럽에 이르는 세계 시장에서 암웨이가 기적적 성장을 할 수 있게 견인차 역할을 하였다. 그는 부인하겠지만, 짐 도넌과 그의 아내 낸시는 성장하고 있는 여러 시장에서 잘 알려진 이름일 뿐만 아니라 이 방면에선 영웅적인 사람이다.

"로버트 앙카사, 폴 어거스와 그의 아내 린다와 같은 분들 덕분에, 인구 많은 인도네시아에서 '네트워크 21'이 암웨이 사업을 성공시킬 수 있었어요." 짐은 얼마 전 말했다.

짐 도넌은 얼마 전 지구 반대편에서 한 감동적인 장면을 목격하였다.

"우리 다운라인 디스트리뷰터 중에 S. R. 크리스티아완이라는 청년이 있다. 그는 스물네 살 먹은 대학생이었고 집안의 문제아였다. 아버지로부터 처음 암웨이 판매 및 마케팅 플랜을 소개받았을 때 그는 '바로 이거다' 라고 생각했다. 크리스티아완은 곧바로 학교로 뛰어가서 암웨이를 알리고 사람들을 가입시키기 시작했다. 그 청년의 첫 '네트워크 21' 주말 세미나에는 2천 5백 명의 사람들이 참석했는데 여섯 달 후에 낸시와 내가 주관한 집회에는 자기 디스트리뷰터만 2천 5백 명을 데려왔다. 믿어지지 않겠지만, 그때 스타디움을 꽉 채운 인도네시인들의 숫자는 7천 명을 웃돌았다.

우리를 환영하는 그 집회의 열기는 더욱 믿어지지 않을 정도였다. 그 갈채! 그 환호! 전통 의상을 입은 한 이슬람교 여성이 팔을 위로 치켜 들고 모든 사람들과 함께 큰소리로 환호하는 모습은 절로 웃음을 자아내는 광경이었다.

그때 비가 내리기 시작했다. 그냥 비가 아니라 억수 같은 장대비였다. 연사들은 다행히 차양막으로 비를 피할 수 있었지만 청중들은 비를 흠뻑 맞아야 했다. 그러나 그들은 일어서서 계속 연설을 경청했다. 몬순비에도 아랑곳하지 않고 오히려 환호하는 7천 명의 군중들! 그들은 단 한 명도 자리를 떠나지 않았다."

현재 S. R. 크리스티아완은 5만 명의 디스트리뷰터를 거느리고 있다.

길 아래 펼쳐진 암웨이 세계본부의 정경을 내려다보면서 나는 인도네시아의 장대비를 떠올렸다. 어떻게 그것이 가능했는지 문득 깨달았다.

암웨이 제품, 플랜, 회사 전략이 뛰어나긴 하지만 전세계에서 일어나는 암웨이의 성공과 긍정적인 변화를 다 설명하진 못한다. 이 모든 것은 사람 중심이기 때문에 가능하다. 처음엔 단 두 명으로 시작했다.

암웨이 창립의 주역, 제이와 리치

"엉 뚱한 생각?" 적어도 처음엔 그렇게 보였다. 1959년 당시 리치 디보스와 제이 밴 앤델은 그들의 첫 사업을 문자 그대로 밑바닥에서 시작했다. 미시건주 에이다시 네델란드계 미국인 마을의 디보스와 밴 앤델의 집 지하실에서 시작하였으니 말이다.

당시에 리치와 제이는 이미 20년 넘게 생사고락을 같이한 친구요, 동업자요, 동료 모험가였다. 반세기가 넘은 그들의 동반자 관계는 고등학생 때부터 시작되었다. 당시에 제이는 중고 A형 포드 차를 아버지로부터 선물 받았지만 기름 살 돈이 없었다. 리치는 집에서 학교까지 타고 갈 것이 없었다. 그래서 리치가 제이에게 1주일에 25센트씩 기름 값을 주고 차를 얻어 탔다. 이렇게 해서 세계에서 가장 성공적이고 지속적인 동업 관계가 시작되었다.

유년 시절의 생각과 경험을 나누면서 그들의 우정은 깊어만 갔다. 네델란드 이민 3세이며 경제 대공황 세대의 아이들이었던 그들은 경제적 자립을 갈망했다. 다른 사람들처럼 그들도 맨손으로 방법을 찾아야 했다.

"자영 사업을 시작하는 방법이 있을 거라고 믿었다." 디보스는 후에 이렇게 썼다. "우린 세일즈 감각과 야망이라는 든든한 재산을 가지고 있었다. 그러나 처음부터 지금처럼 급변하고 불안정한 시장에서 틈새를 뚫기 위한 자본을 벌려고 애쓰진 않았다."

리치와 제이가 군에 입대함으로써 그들의 꿈은 잠시 보류되었다. 제이는 공군, 리치는 육군이 되었다. 부대 배치가 여러 해 동안 그들을 갈라놓았지만, 그들의 꿈과 계획은 편지를 통해 중단되지 않았다.

당시 미국에는 비행기 운전이 붐을 이루었다. 그래서 군 비행 경험으로 돈을 벌 수 있겠다고 리치와 제이는 생각했다. 제대하자마자 두 사람은 아이디어와 경험을 활용해서 첫 벤처 사업을 시작하였다. 그리하여 '월버린 에어 서비스'라는 회사가 설립되었다. 리치와 제이는 7백 달러짜리 경비행기 한 대를 구입하고 강사를 채용하는 한편 수강생을 모집하러 뛰어다녔다. 얼마 후 드라이브 인 햄버거 가게와 액세서리점도 들어섰다.

리치와 제이의 첫 벤처 사업은 큰 성공을 거두었다. 그러나 비행학교 사업은 장기적인 전망이 없었다. 그래서 그들은 회사를 처분하고 새 사업을 찾아 나섰다. 그리고 무모하다고 정평이 난 된 일을 시작했다. 38피트짜리 스쿠너(두 개 이상의 마스크를 가진 세로돛의 범선: 옮긴이)를 구입하여 카리브해를 향해 출항한 것이다.

쿠바 해안까지는 순조로운 항해였지만 그곳에서부터 배에 물이 새기 시작했다. 그것도 펑펑! 다행히도 지나가던 배에 의해 구조되어 목숨을 건졌다.

두 모험꾼은 빈털터리로 고향에 돌아갈 면목이 없었기 때문에 산전수전 다 겪으며 부에노스 아이레스까지 갔다. 그곳에서 고향으로 돌아간 그들은 남미에서 겪은 흥미진진한 모험담을 고향 사람들에게 들려주면서 연설과 프리젠테이션의 기술을 터득하기 시작했다.

다시 사업에 눈을 돌린 제이와 리치는 두 사람의 이름을 적당히 조합해서 제리사를 설립했다. 하지만 무엇을 어떻게 팔 것인가가 문제였다. 그들은 성공전략을 찾고 있었다.

1949년에 전환기가 찾아왔다. 닐이라는 제이의 사촌이 '해볼 만한 사업'을 알려주었다. 그 사촌은 뉴트리라이트사의 건강보조식품을 판매하고 있었다. 뉴트리라이트사를 창업한 칼 렌보그는 1920년대에 중국의 수용소 생활을 한 적이 있었는데, 그곳에서 요리한 식물과 동물 뼈를 먹으며 살아 남았다. 미국으로 돌아온 렌보그는 비타민과 영양제의 탁월한 효능을 믿고 있었다. 뉴트리라이트사를 창업한 그는 건강식품의 선구자일 뿐만 아니라 여러 측면에서 다이렉트 셀링업의 아버지이기도 하다.

뉴트리라이트사의 제품은 매력적일 뿐만 아니라 시장 접근 방식
또한 독창적이었다. 즉, 디스트리뷰터가 소비자에게 직접 보조식품
을 판매하는 방식이었다. 디스트리뷰터는 자신의 판매에서뿐만 아
니라 자기 아래의 디스트리뷰터의 판매에서도 수입을 올렸다.

리치와 제이는 '바로 이거다' 하고 생각했다. 당장 49달러를 투
자해서 세일즈 키트와 일부 제품을 구입했다. 남미에서 돌아왔을
때 갈고 닦은 프리젠테이션 기술을 활용하여 디스트리뷰터를 모집
하기 시작했다. 그리하여 첫해엔 8만 2천 달러의 수익을 올렸고 다
음 해에는 네 배로 늘렸다. 그들은 얼마 지나지 않아 미국에서 뉴
트리라이트사의 가장 성공적인 디스트리뷰터 조직을 만들었다.
1950년대까지는 뉴트리라이트사를 통해 사업상으로나 개인적으로
성장하였다. 이때 두 사람 모두 가정을 이루었다. 1958년이 되자
뉴트리라이트사에서는 경영권 다툼이 일어났다. 이를 계기로 리치
와 제이는 자기 아래의 주요 디스트리뷰터들과 독자적인 조직을 개
발하기 시작했다. 그러나 두 사람은 여전히 뉴트리라이트사 제품을
판매하고 있었다. 그 해에 '아메리카 웨이 연합'이 만들어졌고, 이
듬해에 디보스와 밴 앤델의 집 지하실을 사무실삼아 암웨이사가 창
업되었다.

리치와 제이는 1959년에 다목적 농축세제의 특허권을 인수했다. 오늘날 엘오씨(L.O.C 액체로 된 다목적 유기물 합성세제: 옮긴이)는 여전히 암웨이의 인기 상품이다.

우수상품으로 일반 대중에게 보다 나은 삶을 제공하겠다는 사업 목표를 가지고 창업된 암웨이는 대단한 호응을 얻었다.

지금도 암웨이는 창업의 꿈을 가진 전세계 수백만 명을 매료시키고 있으며, 국제 경제를 근본적으로 변화시키고 있다.

이 책에서는 아래와 같은 중요한 문제를 다룰 것이다:

- 자영업이 왜 1990년대에 각광받고 있는가?
- 암웨이가 어떻게 국제 시장에서 고속 성장할 수 있었나?
- 통신기술이 어떻게 독립적 자영업의 성공 가능성을 높이는가?
- 자영업자를 위해 급성장하는 노동인구로 보는가?
- 암웨이가 왜 그토록 다양한 사람들에게(미국과 캐나다의 부유한 의사와 변호사에서부터 일본 주부와 폴란드 공장 노동자에 이르는) 매력적인가?
- 남들은 실패하는 해외시장에서 암웨이는 어떻게 비집고 들어가는데 성공하는가?
- 얼마나 많은 사람이 암웨이(직접판매, 다단계 판매, 그리고 네

트워크 마케팅으로도 알려진 사업)에서 성공하는가?

- 암웨이 사업을 시작하는 데 돈이 얼마나 필요한가?
- 왜 소기업주들이 정치 및 사회 변화를 선도하는가?
- 리치 디보스와 제이 밴 앤델이 그랬던 것처럼 창고나 지하실
  에서 다국적 기업을 설립, 운영하는 것이 어떻게 가능한가?

무엇보다 시급한 것은 암웨이의 실체를 알리는 것이다(나는 암웨이 디스트리뷰터도 아니고, 암웨이사로부터 대가를 받는 것도 아니다. 나 스스로 결론에 도달한 것이다). 암웨이는 끊임없이 비난과 오해를 받고 있기 때문이다.

이 책을 쓰기 전에는 나도 다른 사람들처럼, 암웨이가 어떻게 전 세계인과 업계를 변화시켰는지 제대로 몰랐다. 그러나 수많은 암웨이 디스트리뷰터와 인터뷰하고 난 지금, 왜 수천명의 사람들이 장대비를 맞으면서도 전혀 흐트러진 모습을 보이지 않고 암웨이 리더들의 강연을 경청했는지 이해가 된다.

이 책에서는 암웨이가 많은 삶을 긍정적으로 변화시킨 이유와 방법도 다룰 것이다. 암웨이를 통해 물질적 부자가 된 사람도 있지만 정신적으로 풍요해진 사람은 더 많다.

제 2장
최고의 시대와 최악의 시대

전화위복

새로운 현실

더 이상 보장이란 없다

풍족한 삶의 비싼 대가

새로운 기회

암웨이를 통해 얻는 자유

이상주의와 물질주의

성공에 필요한 처방

계속 들어오는 수입

정신적 빈곤에서 벗어나

현 경제상황에서 유일하게 확실한 사업

제2장

최고의 시대와 최악의 시대

모든 객관적 기준에 비추어 봤을 때

지난 반세기의 국민경제는 대단히 성공적이었다.

미국인은 전대미문의 물질적 풍요와 개인적 자유를 이루어

어느 때보다도 덜 고된 일을 하며 장수를 누리고 있다.

– 경제학자 로버트 J. 사무엘슨

리엔지니어링, 다운사이징, 리스트럭쳐링 등등

이름은 다양해도 모두가 해고를 의미한다.

– 25년간 한 직장에서 근무한 뒤 해고된 중간관리자

전화위복

돈 마샬과 그의 아내 쉐리가 8년 전 암웨이 사업을 부업으로 시작했을 때 직장에서 해고되리라고는 상상도 못했다. 콜로라도에서 살던 그들은 환경 친화적인 제품 특징에 매료되어 부수입도 벌 겸 암웨이 일을 시작했다. 그러나 마샬 부부가 다이렉트 디스트리뷰터가 된 바로 그 달에, 돈은 1918년 그리고 쉐리는 8년째 일하던 회사에서 해고되었다. "암웨이가 없었다면 우리는 모든 것을 잃었을 거예요." 돈은 말했다.

론과 그의 아내 조지아 리 퓨리어도 그런 일을 당했다. 1960년대 말 미국 경제가 아직은 성장 가도를 달리고 있을 당시에 론은 워싱턴 주에 있는 한 민영 핵연구소에서 회계사로 근무했다. "나는 빠르게 승진을 거듭해서 중간관리직까지 올랐습니다." 암웨이 창업자에 관한 1993년도 저서 〈더불어 사는 자본주의(Compassionate Capitalism)〉에서 론은 리치 디보스에게 말했다.

"좋은 학벌로 좋은 회사에 취직해서 열심히 일하면 성공이 보장된다고 믿었습니다. 그날 아침 핵연구소 주차장에 차를 세우면서도 내가 아메리칸 드림을 실현했다는 것을 믿어 의심치 않았지요."

그러나 책상 위에 놓인 봉투를 발견했을 때 그 꿈은 악몽으로 돌

변하였다. 봉투 속에는 그와 동료 직원 2천 1백 명을 해고한다는 내용의 공고문이 들어 있었다. 사장이 정부 계약을 낙찰받지 못했기 때문이었다.

그 후 몇 달 동안은 거절의 나날들이었다. 론은 이리저리 일자리를 구하러 뛰어다녔다. 마침내 일자리를 얻었지만 이전 봉급의 30%도 안되는 급료를 받아야 했다.

실직과 줄어든 수입 때문에 생활이 곤궁해졌다. 아내 조지아 리는 이전에는 아이들이 학교에서 돌아왔을 때 집에서 따뜻하게 맞아주는 것을 원칙으로 여겼었다. 그러나 데니스 식당의 종업원으로 일하지 않으면 안 되게 되었다. "우리 부부는 그 일을 별로 좋아하지 않았어요." 조지아 리가 말한다. "서로 얼굴 볼 시간도 없었죠. 늘 피곤했고, 짜증내기 일쑤였으니까요."

인생은 신기하게 돌아간다. 몇몇 친구들이 한 사업 기회를 소개했을 때 퓨리어 부부는 최악의 고비에 놓여 있었다. 그리고 새 기회가 그 부부의 인생을 바꾸어 놓았다. "만약 친구들이 다른 때에 전화를 걸었다면 들은 체도 안했을 거예요." 조지아 리가 당시를 회상하며 말했다. 그 사업 기회는 다름 아닌 암웨이였다. 론은 직장에 당장 사표를 냈다. "전 자유를 선택했습니다." 그는 말했다.

지금은 트리플 다이아몬드 DD가 된 론 리 퓨리어와 조지아와 그들의 월드 와이드 드림빌더 조직이 수만 명을 돕고 있다. 암울한 현실과 두려움을 극복하고 자유를 추구할 수 있도록 돕고 있다.

새로운 현실

"**최**고의 시대요 최악의 시대다." 찰즈 디킨스의 유명한 문구는 요즘 시대에 딱 들어맞는다.

긍정적인 면은 많다. 미국 실업률과 물가상승률은 낮은 편이고, 대체적으로 평화롭다. 냉전 시대는 자유 진영의 승리로 막을 내렸다. 동유럽, 라틴 아메리카, 그리고 동남 아시아에서 민주주의와 자유 기업이 뿌리내리고 있다. 이젠 핵전쟁을 걱정하지 않아도 된다. 몇 년 전만 하더라도 꿈도 꾸지 못한 일이다. 따라서 최고의 시대이다.

그런데 우린 왜 이리 우울한가?

경제학자 로버트 J. 사무엘슨은 미국이 전환기를 맞았기 때문이라고 했다. 그는 2차대전 이후를 '기득권의 시대'로 묘사한다. 이 시대는 낙관주의의 시대로서, 실제 경제성장과 정부의 공약 남발로 미국인 대다수가 무한히 풍요로운 삶을 기득권으로 믿게 되었다.

더할 나위 없이 매력적인 믿음이었다. 일은 더 적게 하고 돈은 더 많이 벌게 되어 경제문제에서 완전히 보호된다는 믿음이었다.

20세기의 눈부신 성장을 돌이켜보면, 미국인의 기대치가 왜 그토록 높아졌는지 쉽게 이해할 수 있다. 1940년대에 비해 1950년대의 중산층 가정의 소득은 물가 상승치를 제하더라도 거의 39%나 증가했다. 1960년대에는 37% 더 증가했다.

그러나 다른 한편으로는 정부가 감당할 수 없을 정도로 비대해졌다. 정부 예산과 부채도 눈덩이처럼 커졌다.

사무엘슨은 말한다. "1929년에 정부는 국민 소득의 11%를 지출했다. 3%는 연방정부로, 나머지는 주, 군(郡) 그리고 시로 돌아갔다. 1990년에는 지출 규모가 38%로 늘어났고 그 중 2/3를 연방정부가 지출했다."

미국인의 기득권을 밀어 준 동력원이 너무 빨리 고갈되었다. 1970년대부터 정부는 엄청나게 불어난 적자를 줄이려고 안간힘을 썼다. 경제 성장속도는 눈에 띄게 떨어졌다. 중산층 가정의 소득은 1970년대에 6%, 1980년대에도 6% 증가하는 데 그쳤다. 그리고 1990년대 현재 우리는 제자리걸음만 하고 있다.

더 이상 보장이란 없다

'경제 유령'이 되려는가? 이것은 〈월스트리트 저널〉지가 미국에서 일자리를 잃은 25세부터 55세까지의 약 100만 명의 남자를 두고 한 말이다. 사지가 멀쩡하고 죄수도 아니지만, 갖가지 이유로 해고되어 더 이상 일자리를 찾지 않는 사람들이다.

코네티컷주 웨스트 하트포드시에서 실직한 한 중역처럼, 대다수 사람들이 다른 직장을 필사적으로 찾아서 잃은 것을 되찾으려는 용기를 너무 쉽게 포기한다.

49세의 전직 구매 담당자는 〈월스트리트 저널〉에서 이렇게 말했다. "노동 시장에서 내가 다시 고용될 가능성은 거의 제로입니다." 경영합리화의 일환으로 감원된 이 남자는 정부로부터 월 2백 50달러의 생활보조비를 받아 연명하고 있다.

미국 경제 전반에서 진행되고 있는 구조 개편의 미래가 무엇인지 아는 사람은 없다. 〈USA 투데이〉지의 최근 보고에 따르면, 1989년 이후 주요 대기업에서 해고된 사람은 무려 3백만 명이 넘는다. 미국 경영 연합(American Mana-gement Association)의 조사에 따르면, 60%의 기업이 사원들을 더 감원할 계획이다. 역사상 가장 높은 수치이다.

현재 미국 사회 전반에는 절망이 짙게 깔려 있다. 이제까지 잘해온 사람도 절망감을 뼈저리게 느끼고 두려움과 불안에 찌들어 가고 있다. 정부나 대기업의 울타리 속에서 보장되던 경제 안정이 무너지고 있다.

〈USA 투데이〉지가 32세에서 50세까지의 베이비 붐 세대를 대상으로 설문 조사를 한 결과, 전문직에서 실직했을 때 자존심 상실, 가정 파탄, 심지어 자살에 이르는 쓰라리고 가슴아픈 일을 겪었다고 응답했다. 한 독자는 자기가 사는 동네 전체가 고용 불안에 시달리고 있다고 고백했다.

이웃간의 정은 찾아볼 수 없고 모두가 집에 틀어박혀 두문불출한다. 평생 한 고장에 뿌리박고 사는 게 아니라 떠돌이 생활이 판을 친다. 베이비 붐 세대가 가장 원하는 것은 사회 안정으로 얻는 보장이다. 그것은 요즘 가장 얻기 힘든 것이 되어 버렸다.

미국만 그런 것은 아니다. 일본에서는 1990년부터 서서히 평생고용의 믿음이 깨어지고 있다. 최근 〈뉴욕타임즈〉는 이렇게 전한다. "좋을 때나 나쁠 때나 서로 돕는 일본의 전통적인 고용은 충실한 근로자와 가부장적인 고용주를 결속시켜서 서방에서는 꿈도 꾸지 못할 정도의 노사 안정을 가져왔다. 이제 모두 옛날 이야기가 되어 버렸다. 냉혹한 현실 때문에 평생직장의 보장이 마침내 무너지고 있다."

풍족한 삶의 비싼 대가

많은 미국인은 감원될까 봐 전전긍긍하는 한편, 전에는 한 사람 수입으로도 생활이 충분했는데 지금은 왜 맞벌이를 해도 빠듯한지 의아해 한다. 60%의 여성이 직장생활을 하고 있다. 이 수치는 1950년대에 비해 놀라운 증가율이다. 맞벌이를 한다고 해서 모두가 아메리칸 드림을 이루는 것은 아니다. 아메리칸 드림은 이미 대다수 미국인의 손이 미치지 않는 곳에 있다.

아이를 낳아 대학까지 교육시키는 데는 최소한 12만 3천 달러가 든다. 요즘 자동차의 평균 가격은 2만 달러이다. 집값은 지난 10년 새 72%나 치솟았다. 의료비 인상률은 물가 상승률을 훨씬 앞선다. 갈수록 육아비, 등록금, 그리고 세금이 늘어나서 봉급자들의 목을 조이고 있다. 어떤 통계치에 따르면, 10년 후 물가상승률을 따라잡으려면 현재 받고 있는 봉급의 80%를 더 벌어야 한다.

부부가 주 80시간 맞벌이를 하면 빨래, 잔디깎기 등의 집안일과 자녀교육 문제가 방치된다. 이러한 부담은 결혼 생활을 더욱 힘들게 하고, 가정 폭력, 청소년 범죄, 그리고 청소년의 마약중독 등의 문제가 갈수록 심각해진다. 이것은 비단 미국에만 해당되는 것이 아니라 전세계적인 문제이다.

노인이 된다고 만사가 해결되는 것은 아니다. 한 달에 1천 2백 48달러로 어떻게 먹고 살겠는가? 65세에 다른 수입이나 저축 없이 퇴직할 경우 사회보장으로 받을 수 있는 최고 금액이 1천 2백 48달러이다. 이미 익숙해져 버린 생활방식과 수입에는 한참 못 미치는 금액이다.

그런 이유로 많은 베이비 붐 세대가 퇴직을 미루고 있다. 〈월스트리트 저널〉의 최근 기사에는 "55세, 심지어 65세에도 퇴직할 수 없을 것이다. 빈약한 저축, 얼마 안 되는 퇴직금, 그리고 정부 보조금의 삭감 가능성 때문이다."라는 구절이 쓰여 있다.

이미 사회보장 퇴직금의 최고액 지급이 65세에서 67세로 미루어졌다. 이 퇴직금에도 세금이 매겨질 것으로 보인다. 퇴직금 지급 자체도 계속될지 미지수다. 경제학자 폴 크리그 로버츠는 최근 〈비지니스 위크〉지를 통해 "고령 인구를 보조하는 두 정부 지원 프로그램인 메디케어(65세 이상의 미국 노인을 대상으로 하는 의료보장제도: 옮긴이)와 사회보장제도가 심각한 재정난을 겪고 있다. 1995년 사회보장 관리보고서에 따르면, 소득세가 크게 증가하지 않는 한 퇴직금과 의료비가 2010년에는 10%, 2020년에는 27%, 그리고 2040년에는 41% 삭감될 것이다."라고 단언했다.

퇴직자는 여행도 하고, 손자 재롱도 보고, 늘 하고 싶었던 일을 하며 여생을 편안하게 보낼 자격이 있다.

그런데 정부나 기업주는 점점 더 노인들에게 생활보장을 제공할 능력을 상실 해 가고 있다.

새로운 기회

이 암울한 전망 속에서도, 우리는 현 시대를 변화의 시대와 새로운 기회의 시대로 바라볼 수 있다. 로널드 레이건 전 대통령은 한 농촌 소년에 관한 이야기를 즐겨 하곤 했다.

한 소년이 마구간 오물을 하도 즐겁게 치우기에 뭐가 그리 신이 나느냐고 물었더니 이렇게 대답했다고 한다. "조랑말이 여기서 살게 될 걸 생각하니까 일이 즐겁죠."

고용 개편처럼 힘든 과정에도 희망은 있다. 기업의 규모 축소는 자영업자에게는 더없이 좋은 기회를 주었다. 우리 경제가 점점 자영업화 되어 간다. 경영 합리화를 이룬 대기업은 중소기업에 더 많은 일거리를 맡기게 되고 중소기업은 거대한 공룡기업보다 훨씬 능률적으로 일을 해낸다.

미국 경제에서 1979년 이후 각종 분야에서 총 4천 3백만 명의 일자리가 없어졌지만 그와 동시에 7천만 명의 일자리가 창출되었다는 사실을 아는가?

2천 7백만 명의 일자리가 새로 생긴 것이다. 아주 많은 조랑말이 생긴 셈이다.

이러한 일자리 창출은 주로 중소기업 부문에서 일어났다. "중소기업이 요즘 잘나가고 있다."고 미국 상공회의소 소장인 리처드 레셔는 그의 최근 저서 〈멜트다운 온 메인 스트리트(Meltdown on Main Street)〉에서 "경제의 가장 다이내믹한 부문에서 엄청난 고용이 창출되고 있다."라고 지적한 바 있다.

갈수록 많은 수의 감원된 사람이나 대기업 정글에서 제발로 나온 사람이 자기 사업을 시작하고 있다.

〈로스앤젤레스 타임즈〉에 따르면, 미국 자영업자 수는 총 노동 인구의 12%에서 17% 사이이다

암웨이를 통해 얻는 자유

경제 현실이 바뀌자 암웨이 구성원에도 변화가 일어났다. 처음부터 암웨이는 직종을 불문하고 디스트리뷰터를 모집했다. 조 로건은 애리조나주 스코츠데일시의 한 치과 의사를 스폰서링한 이야기를 자주 한다. 나중에는 그 치과 의사가 발벗고 나서서 내과 의사, 발 치료사, 제지공장 직원, 심지어 배관공까지 모집해서 스폰서링했다고 한다.

암웨이가 주로 소도시나 시골의 저임금 저학력의 미국인을 디스트리뷰터로 모집한다는 잘못된 인식이 있다. 또한 암웨이가 실패자의 도피처이므로 이미 성공한 사람은 할 일이 못된다는 오해도 있다. 이런 인식은 빠르게 바뀌고 있다. "꼭 인생에 실패한 사람만 암웨이에 오는 것은 아니다." 캘리포니아주에 거주하는 다이아몬드 DD 마이크 윌슨은 잘라 말한다.

수석 다이아몬드 DD인 짐 헤드는 암웨이 구성원이 두드러지게 달라지는 것을 목격했다. "부유한 사람, 성공한 사람, 엘리트들도 암웨이에 큰 흥미를 가진다. 그들도 남들처럼 처음부터 시작하지만 개의치 않는다. 그들의 사업이 크게 성공하고 있다."

짐과 그의 아내 주디가 1980년대초에 이 사업을 시작할 때를 생각하면 짐의 입가에는 미소가 떠오른다. 그때 사람들은 이쪽 시장이 이미 포화 상태라고 입을 모았다. 암웨이가 더 이상 성장할 여지가 없다고 말했다. 일반 통념은 통념에 지나지 않고 잘못된 것이다. 짐이 그것을 증명했다.

짐은 남부 캘리포니아에서 활동하는 로큰롤 음악가였다. 어쩌면 그의 독특한 배경 때문에 부정적 견해를 무시할 수 있었는지 모른다. 요즘 짐과 주디는 캘리포니아주, 아이다호, 라스베가스, 그리고 래이크 애로우해드에 있는 집을 오가며 바쁜 생활을 한다. 짐과 주디는 암웨이가 자신들에게 가져다 준 소중한 것들을 다른 이들도 똑같이 얻을 수 있도록 돕고 있다. 암웨이 사업은 자기 삶에 책임지고 자유로와질 수 있는 기회를 제공해 준다.

이상주의와 물질주의

'하버드 나와서 암웨이에 들어간다구?' 몇 년 전만 하더라도 사람들은 '당치않은 소리'라고 말했을 것이다. 그러나 이안 갬슨과 그의 아내 낸시는 둘 다 하버드 졸업생이자 암웨이에서 다이아몬드 단계에 오른 성공한 사업가이다(낸시는 이안의 호주 악센트에 반해서 사랑에 빠졌다). 이안은 피지섬에서 유년시절을 보냈

다. 이안의 아버지는 그곳의 큰 설탕회사에서 일했다. 이안은 교실
이 두 개뿐인 초등학교에 다녀야 했다. 나중에 호주에서 중고교를
다니고 시드니대학을 졸업했다. 그리고 하버드 대학원에 들어갔는
데, 철학 시간에 낸시를 만난 것이다.

둘 다 대학원 과정을 마친 후, 이안은 호주로 돌아가고 낸시는 미
네소타에 있는 집으로 돌아갔다. 편지 왕래를 계속한 두 사람은 마
침내 약혼하고 결혼까지 했다. 미네소타에 보금자리를 마련한 후
이안은 역사학 박사 과정에 들어갔다.

그러나 갬슨 부부가 뚜렷한 방향을 정하는 데는 여러 개의 학위
도 도움이 되지 않았다. 사실 그들은 돈 버는 것과는 거리가 먼 사
람들이었다. 하지만 직업에 대한 인식이 달라졌고 돈을 벌어야 할
필요성은 절박해졌다. 박사 학위를 땄을 때의 이안은 세 아이의 가
장이었고 처가에 얹혀 살고 있었다. 5만 5천 달러의 빚도 있었다.
"그때가 인생의 위기였어요." 낸시가 말했다. 하지만 그들의 지적
이상주의 또는 자존심이 다른 길로의 모색을 방해하고 있었다.

처음 암웨이에 관해 들었을 때, 낸시는 미심쩍게 생각했다. 그러
나 이안은 확신을 가졌기 때문에 암웨이 특별미팅에 낸시를 거의
끌고 가다시피 했다.

이제 낸시는 충고한다. "이상주의와 물질주의 사이에서 갈등하는 사람을 포기하지 말고 설득하세요." 그 무렵 결정적으로 그들이 마음을 정한 계기가 생겼다. 큰아들의 턱에 난 흉터를 없애는 데 수술비 1천 5백 달러가 필요했던 것이다. 그 흉 때문에 아들은 학교에서 놀림거리가 되었었다. 돈을 빌려서라도 수술비를 마련해야 했다. 결국 그 수술로 한 아이의 인생이 달라졌다.

요즘 이안과 낸시는 그것이 물질주의가 아니고 오히려 더 높은 수준의 이상주의라고 말한다. 다른 사람이 꿈을 실현하도록 돕는 이상주의인 것이다.

낸시는 일하는 여성들에게 말한다. "많은 여성이 암웨이 사업에서 성공합니다. 왜 가정과 직장 중 하나를 선택해야 하죠? 저라면 둘 다 가지겠어요!"

성공에 필요한 처방

캘리포니아의 클리프 민터가 의사가 되었을 때, 그와 아내 캐시는 남부러울 것이 없었다. 존경받고 돈도 잘 버는 직업이었기 때문이다. "제 직업이 좋았어요. 일을 즐겼죠. 발 치료사였기 때문에 경기장에서 선수들의 응급치료도 해봤는데 신나는 경험이었어요."

클리프는 어느 날 다른 의사들이 일을 그만두고 암웨이라고 하는 사업을 시작하는 것을 보았다. 그들은 의사직에서 원하는 것을 얻지 못한 사람들이었다. HMO*가 많이 생겨나 영세한 월급쟁이로 취직할 수밖에 없었다. 그들은 과중한 업무와 끊이지 않는 의료사고와 소송에 시달려야 했다. 사람을 돕겠다는 꿈은 영영 요원해지는 것 같았다.

클리프는 말한다. "사회적 인정, 소속감, 안전보장, 괜찮은 수입, 그리고 자유… 많은 의사와 고급 기술인력들이 과거에는 자기 일에서 이런 것들을 얻었습니다. 이젠 암웨이에서 이것들을 발견합니다. 무엇보다도 내가 의사였을 때보다 더 많은 사람을 도울 수 있어서 좋습니다. 남을 돕는 데 암웨이보다 좋은 방법이 없다고 생각합니다. 게다가 암웨이는 내가 인간적으로 성숙하도록 도와 주었습니다. 암웨이 덕분에 더 좋은 아버지와 남편이 되었으니까요. 자기 일을 자녀에게 물려주길 바라는지 물어 보면 의사를 포함한 상당수의 사람들이 '노'라고 대답합니다. 하지만 암웨이 다이아몬드들에게 같은 질문을 하면 '예스'라고 대답하지요."

---

*HMO:HMO(Health Maintenance Organization)는 미국에서 1970년대부터 시작된 종합의료보험 제도임. 개인이나 회사가 고용원을 위해 미리 선불해 주는 제도로서, 만일 고용원이 입원했을 때 치료비를 부담하게 됨.

현재 클리프와 캐시는 수석 다이아몬드 DD이고, 암웨이 사업을 키우는 데 큰 애착을 가지고 있다.

계속 들어오는 수입

팻 커프만과 그의 아내 베티는 자신의 일을 좋아했다. 팻은 금속 기술자였고 베티는 의료 기술자였다. 팻의 친구가 처음 암웨이 사업계획을 보여 주었을 때 이 부부의 반응은 '1백점 만점에 빵점'이었다고 한다. 그렇다고 야망이 없었던 것은 아니다. "나이 마흔에 백만장자가 되기로 맹세했었죠." 그래서 커프만 부부는 성공 방법을 모색했다. 고도로 전문 기술직에 있던 두 사람은 세일즈에 대해 썩 달가워하지 않았다. 수준이 맞지 않는다고 생각했다.

수차례의 암웨이 미팅을 통해서 서서히 팻의 마음이 바뀌었다. 베티는 시간이 좀더 걸렸다. 그러나 2년 만에 다이렉트 디스트리뷰터가 되었고 둘째 해의 연말에는 두 사람의 수입이 이전의 두 배가 되었다. "두 사람 월급을 몽땅 저축할 수 있게 되었다."며 함박웃음을 지으며 팻이 말했다.

암웨이 원리는 분명했다. "이 사업을 밀어 주는 원동력은 계속 들어오는 수입이다. 한번 옳은 일을 하면 오랫동안 보상을 받는다.

다른 사업에서는 생각할 수도 없는 일이다." 팻의 말이다.

그러므로 "전문직 종사자들 대부분이 일은 많이 하는데 보수는 줄어들고 있다. 그리하여 캘리포니아의 한 의사 그룹이 암웨이에 뛰어들었다. 수백만 달러짜리 저택의 거실에서 암웨이 플랜이 소개되고 있다."라고 얘기하는 베티의 지적은 의미심장하다.

현재 팻과 베티는 수석 다이아몬드 DD가 되었고, 암웨이의 가장 큰 디스트리뷰터 조직인 '인터내셔널 커넥션'을 지도한다. 오레곤주 벤드시에 있는 집에서 국제 사업을 운영하고 있다. 그들의 사업은 아시아, 남미, 그리고 유럽까지 진출하고 있다. 암웨이가 1996년 8월에 콜롬비아에서 지사를 연 첫날, 수백명이 팻의 디스트리뷰터 조직에 가입했다.

정신적 빈곤에서 벗어나

암웨이는 비참한 가난에서 벗어나려는 사람뿐만 아니라, 전문 기술직 엘리트 중에서 자기 직업의 변화를 감지한 사람에게도 매력적일 수 있다. 의사, 변호사, 교사, 회사 중역 등 많은 사람들은 한때 자기 직업에서 추구하던 꿈과 가치가 이젠 암웨이에서 더 큰 빛을 발한다는 것을 깨닫고 있다.

암웨이는 의존적이고 회의적인 생활에서 탈피하여 자립적이고 보람된 생활을 누릴 수 있는 기회를 제공한다.

다양한 환경, 국적, 인종, 민족, 그리고 종교를 초월하여 세계인을 매료시키는 무언가가 있다. 콜롬비아의 보고타 길거리에서 캘리포니아 오렌지 카운티의 저택 거실에 이르기까지 전 세계에서 암웨이가 회자되고 있다.

왜일까? 사람들은 이전 보다 나은 생활을 꿈꾸지만 확실한 길을 모른다.

사장이 쥐고 흔드는 줄의 끝에 매달려 살기를 거부하지만 스스로 그 줄을 끊기도 망설인다. '내 밥줄인데…… 보너스도 못받게 되고. 남들이 뭐라고 생각할까?' 그래서 그들은 갈팡질팡한다.

그들은 자기보다 나은 교육을 자식에게 시키는 것 이상을 원한다. 그들은 교육이 가정에서부터 시작한다는 것을 알고 있다. 하지만 집에서 얼굴 볼 시간도 없이 바쁘다. 따라서 방과 후에 동네나 놀이터에서 아이들에게 무슨 일이라도 생기지 않을까 걱정한다.

그들은 모험을 시작할 만큼 건강한 나이에 퇴직할 자유를 원한다. 그러나 보람된 일을 계속하며 돈도 벌기 위해 평생 일한 직장에서 쫓겨나지 않을 자유도 원한다.

늙고 병들었을 때 정부에 의존할 수는 없다. 그들 자신이 정부에 빌붙어 살길 원치 않는다. 자립을 원한다.

암웨이에서 성공한 사람들은 대개 빈곤으로부터 탈출한 사람들이다. 그들은 물질적 빈곤뿐만 아니라 정신적 빈곤에서 탈출하게 되었다.

"사오십 년 죽도록 일한 후에 내보일 것이 하나도 없다는 게 말이 됩니까?" 다이아몬드 DD인 프랭크 오랠이 나에게 말했다. "사람들이 자기 미래를 설계하는 데 단 한 시간도 투자하지 않는다는 사실이 놀랍지 않으세요? 찾아 나서지 않고 뭔가 일어나기만 앉아서 기다리죠."

현 경제상황에서 유일하게 확실한 사업

짐 플로는 캘리포니아주 새크라멘토시에서 날리던 로비스트였다. 한마디로 성공한 사람이었다. 하지만 오랫동안 집을 떠나 있어야 했다. 조직에서 성공할수록 시간과 자유는 줄어들었다. "거꾸로 되어야 하는 거 아닌가?" 하고 짐은 자문했다. "회사는 내가 일과 결혼하길 바랐어요." 그가 결혼한 대상은 일이 아니라 마기였다.

그리하여 플로 부부는 1979년에 암웨이 사업을 시작했다. 짐은 로비스트 일을 대신할 탄탄한 수입원을 찾고 있었다. "직장에 계속 다니면서 부수입을 벌 수 있어요. 바로 그게 암웨이의 묘미죠." 짐이 말했다. "일단 이 사업에서 성공하면 여생을 설계할 일만 남지요. 지금껏 살아오는 동안 잃었던 것을 이 사업이 찾아 주고 있습니다. 스스로 삶의 주인이 되어 자영 사업을 운영할 기회를 주는 셈이죠. 16년간 기업에서 배운 것이라곤 자기 소신을 굽히고 복종하는 방법뿐이라서 어느 순간 자신의 삶을 돌아보곤 '내가 어쩌다 이렇게 되었지?'라고 자문할 때가 한두 번이 아니었습니다."

짐은 기업 세계에서 경험하는 소외에 대해서도 토로하였다. "남의 회사에서 일하건 자기 사업을 하건 간에 못 견디게 외롭고 경쟁이 치열합니다. 암웨이의 특이한 점은 오랜 사업상의 관계를 오랜 인간적 관계로 발전시킬 기회를 제공한다는 거예요.

암웨이에서의 경험에 비추어 볼 때, 가장 큰 이점은 개인의 성장입니다. 그게 삶의 질을 높이는 데 가장 중요해요. 내일 당장 암웨이가 망하고 모든 것이 사라진다 해도 이것만은 누가 빼앗아 갈 수 없는 것입니다."

짐과 마기는 이제 암웨이의 수석 다이아몬드 DD로서 풀타임으로 일하고 있다. 암웨이가 요즘 시대에 최선책이라고 그들은 입을 모은다. 짐은 말한다. "우리가 경험한 것을 남도 경험하길 바랍니다. 우린 경제적 목표를 이루었어요. 17년간 암웨이 사업을 해서 사업과 수입 모두 커지고 있어요. 고용 불안이 갈수록 심해지고 수입이 감소하는 것과는 딴판이죠. 암웨이는 현 경제상황에서 유일하게 확실한 사업입니다."

최고의 시대를 살고 싶은가? 아니면 최악의 시대를 살고 싶은가? 선택은 당신에게 달렸다. 물론 그 선택에 대한 책임도 당신의 몫이다.

제 **3** 장
키트 속에 들어 있는 사업

암웨이는 자영사업이다

플랜

암웨이의 성공 사다리

암웨이 제품

암웨이 철학

암웨이와 소비자 혁명

경력이나 자본 없이 성공하기

국제사업도 가능한 암웨이 비즈니스

암웨이 키트

제3장
키트 속에 들어 있는 사업

암웨이는 자영사업이다

"**그** 날 밤 법대 2학년생인 친구랑 놀고 있었어요." 수석 다이아몬드 DD 레이 메일로는 이렇게 회상한다. "내 차 안에서 친구가 암웨이 사업 기회에 관해 설명하기 시작하더군요. 자기가 법대에 들어가기 전에 진작 이 사업 기회를 알았더라면 좋았을 거라구요. 그리고 나선 서류 봉투의 한쪽 겉면에다가 '암웨이 판매 및 마케팅 플랜'을 그려 가며 설명하기 시작했어요."

몇 년 후 어느 날, 조안이란 아가씨가 기차로 뉴욕 법률회사에 출근하고 있었다. "한 젊은 여자가 암웨이 기회에 관해서 열심히 이야기하고 있었어요. 난 더 자세한 정보를 얻으려고 했는데 쉽사리 가르쳐 주려고 하지 않더군요. 하지만 30분이나 애걸해서 마침내 전화번호를 알아냈어요."

조안은 그 번호로 전화를 해 암웨이 플랜의 프리젠테이션에 참석하게 되었고, 그곳에서 레이를 만났다. 레이와 조안은 곧 결혼했고, 지금까지 암웨이 사업을 매우 성공적으로 운영해 오고 있다.

정식 명칭은 '암웨이 판매 및 마케팅 플랜'이지만 모든 암웨이 디스트리뷰터들 사이에서는 그냥 '플랜'으로 통한다. 대다수 사람들에게는 플랜을 처음 소개받은 때가 일생에서 잊을 수 없는 사건으로 기억된다. 당시의 시간, 장소, 분위기, 그리고 처음 반응을 생생하게 기억한다. 마치 배우자를 처음 만났을 때나, 새 직업을 가졌을 때, 또는 역사상 획기적 사건에 관해 배울 때처럼. 암웨이 플랜이 준 엄청난 영향을 이해하고, 다른 사업 기회와 대등하게 비교 평가하고, 우리의 근거 없는 고정관념을 깨뜨리기 위해선, 독자가 우선 새겨 둘 사항이 있다. 플랜은 영업 성과의 방법과 단계를 제시한다. 영업 성과는 암웨이 디스트리뷰터가 받는 수입과 인정의 근거가 된다.

모든 사람이 암웨이 디스트리뷰터가 될 수 있는가? 나이 제한을 통과하면 누구나 가능하다. 디스트리뷰터가 되려면 열여섯 살[*], 남

---

[*] 위의 상황은 미국 암웨이에 해당되고, 한국에서는 성인 남녀일 경우 만 20세부터 디스트리뷰터 등록이 가능하다. 단, 학생 신분으로는 디스트리뷰터가 될 수 없다는 조항이 있다.

을 스폰서링하려면 열여덟 살 이상이 되어야 한다. 다이렉트 디스트리뷰터가 되려면 자신의 나라가 인정하는 성인 나이가 되어야 한다. 다른 자격 요건은 없다. 암웨이 행동규칙과 윤리규범을 준수하겠다는 자신과의 약속을 지키는 것 이외엔(부록 참조).

분명히 알아 둘 것은, 암웨이 디스트리뷰터가 되는 것이지 암웨이 직원이 되는 것은 아니라는 것이다. 다시 말하면, 암웨이에 속하는 것이 아니라 자기 사업을 소유하고 운영하는 것이다.

따라서 암웨이는 가족의 큰 재산이 된다. 자녀가 자라서 부모의 사업에 참여할 수도 있고 부모가 죽으면 디스트리뷰터직을 물려받을 수도 있다.

플 랜

암웨이 플랜은, 우선 과제 두 가지를 제시한다. 첫째, 고정 고객을 만든다. 둘째, 다른 사람도 그렇게 하도록 두 배로 노력한다.

세계적인 고품질 제품(그리고 일부 국가에서는 서비스로)을 가지고 사업을 시작한다. 단, 디스트리뷰터는 제품을 스스로 사용해야만 남에게 권할 수가 있다. 따라서 자기 자신이 가장 좋은 고객이 되어야 한다. 게다가 디스트리뷰터는 모든 제품을 할인가격으로 구입할 수 있다. 암웨이 제품을 사용하고 아낌으로써 제품에 대한 지식과 애정이 배어 나오는 법이다.

대부분의 제품이 회사 창고에서 고객에게 직접 배달되기 때문에, 판매가 더할 나위 없이 편리하게 이루어진다. 디스트리뷰터로 등록하진 않았지만 암웨이 제품에 호감을 가지는 고정 고객이 많은 것도 사실이다. 제품을 팔면 그 기회를 놓칠 거라고 걱정하지 말라. 그냥 디스트리뷰터를 확보하기 시작하라. 그러면 제품이 저절로 고객을 불러모을 것이다.

플랜이 나라마다 다른 특징과 장점을 가지고 있기 때문에(제품도 마찬가지), 더 자세한 기술은 생략하겠다. 그러나 분명한 것은, 성공과 수입이 디스트리뷰터의 스폰서링 능력에 달려 있다는 점이다. 이런 디스트리뷰터를 보통 다운라인이라 부른다. 단순히 디스트리뷰터를 등록시켰다고 해서 돈을 벌게 되진 않는다. 당신 아래의 디스트리뷰터가 제품을 판매해야 당신이 돈을 벌게 된다. 그들이 판매량을 늘려 갈수록(그리고 당신이 행동규칙을 준수하는 한) 당신의 수익도 계속 늘어난다.

암웨이 디스트리뷰터들의 영업활동을 계산하는 평가 기준에 대해 이야기하는 것을 자주 들을 것이다. 첫째, BV(판매가격치)는 각 제품의 할당된 판매 수량을 말한다. 둘째, PV(판매점수치)가 제품에 매겨지는데, 대개 그 제품 BV의 50%에 해당한다. 두 평가 기준은 암웨이나 업라인 디스트리뷰터가 지불하는 다양한 상여금을 계산할 때나, 디스트리뷰터가 마케팅 플랜을 통해 달성한 성공의 단계를 판단할 때 근거가 된다.

일단 판매 PV 총 점수가 한 달에 7,500PV*에 달하고 이것을 암웨이 한 회계 연도 내 6개월간 유지하면(3개월 연속) 다이렉트 디스트리뷰터가 된다(이 숫자는 북미에 적용된다. 암웨이가 활동하는 나라마다 법과 현실에 따라 플랜이 다르다).

다이렉트 디스트리뷰터가 되면 업라인으로부터 독립하게 된다. 그러나 계속적인 매출액에서 생기는 실적 보너스는 암웨이사로부터 직접 받게 된다. 다이렉트 디스트리뷰터가 되면 새 인센티브, 표창, 여행, 그리고 인정을 받게 된다.

단계가 많지만, 대부분의 다이렉트 디스트리뷰터는 다이아몬드 DD 단계에 오르는 것을 목표로 삼는다. '이왕이면 다이아몬드' 라는 말이 암웨이 리더간에 유행어가 되었다. 6개 그룹이 한 회계 연도

---

* 이 책에 나오는 후원수당 책정은 미국 암웨이의 규정에 따른 것이므로 한국의 후원수당 계산법과는 차이가 있음.

6개월 동안(석달은 연속적이어야 한다) 7,500 PV에 도달하도록 도왔을 때 다이렉트 디스트리뷰터는 다이아몬드 DD가 된다.

다이아몬드 한 사람의 수입은 얼마나 될까? 1982년 찰스 폴 콘의 저서 〈더 많은 자유를 찾아서(An Uncommon Freedom)〉에 따르면 다이아몬드 DD의 수입은 7만 5천 달러 수준이다. 물가상승과 그 후 이루어진 플랜의 개선을 감안한다면 현재의 다이아몬드 DD의 수입은 훨씬 더 높을 것이다. 다이아몬드 DD 단계에서부터 수석 다이아몬드 DD, 더블 다이아몬드 DD, 트리플 다이아몬드 DD, 크라운 DD, 그리고 크라운 앰배서더 DD 단계까지 이를 수 있다. 한 암웨이 리더에 따르면 독일인 피터와 데바 뮤엘러 미어카츠와 같은 디스트리뷰터의 놀라운 성공으로 크라운 앰배서더 DD 단계 위에 새 단계를 만드는 문제를 고려 중이라고 한다.

플랜은 최고 역량을 발휘하도록 고안된 인센티브의 창의적 복합물이다. 기업 정신을 함양시키고, 단계별로 높아지는 금전적 보상이나 인정으로 포상한다.

플랜은 공짜로 보수를 약속하지는 않는다. 또한 당신을 벼락부자로 만들어 준다고 약속하지도 않는다. 단지 저비용 사업 기회와 그 기회를 실행할 설득력 있는 몇 가지 방법을 제시할 뿐이다. 자본주의의 '먹고 먹히는' 악명과는 대조적으로, 암웨이의 플랜은 남이 잘되도록 도왔을 때 보상한다. 성공은 '몇 명의 경쟁자를 눌렀느냐'가 아니라 '몇 명을 성공하도록 도왔느냐'로 판단한다.

암웨이의 성공 사다리

암웨이에서 높은 단계에 오르면 인정과 금전적 보상을 받게 된다. 휴양지, 세미나, 그리고 화려한 암웨이 요트에서 열리는 컨퍼런스로 무료 여행을 즐길 수 있고, 암웨이 사보 〈아마그램〉에 기사가 실리고, 동기유발 컨퍼런스에서 연설자나 연수 담당자로 지명된다.

암웨이 디스트리뷰터들이 전하는 하나의 메시지, '암웨이 사다리를 오르기엔 너무 늦지도 너무 이르지도 않다!'를 꼭 기억해야 할 것이다.

브리티쉬 콜롬비아의 라드 자오와 그의 아내 로웬다는 이제 겨우 스물두 살인데 이미 다이아몬드 DD가 되었다. 라드는 필리핀 이민 2세로서, 자기 사업이 성공하리라는 것을 한 번도 의심한 적이 없었다. 열아홉 살에 암웨이의 루비 DD 단계에 올랐고 그 후로도 암웨이 사업에 많은 시간을 투자하였다. 아내 로웬다가 라드 곁에 있을 수 있는 유일한 방법은 한 팀으로 일하는 것이었다.

암웨이 제품

아직도 암웨이를 '비누' 회사로 비하하거나 상표 등록도 안 된 무명 브랜드 전문업체로 잘못 아는 사람이 있지만, 암웨이는 여러 해 동안 6천 5백여 종의 고품질 제품 및 서비스를 개발했다.

암웨이의 핵심 주력 상품은 4백여 종의 퍼스널 케어 제품과 가정 주방용품이다. 제품 대부분이 미시건주 에이다에 있는 암웨이 본사의 최첨단 연구소에서 개발, 실험, 제조, 포장, 그리고 운송되어 세계로 나간다. 다양한 제품 라인 중에는 퍼스널 케어 제품, 가정 주방용품, 그리고 자동차 용품이 있는데 엘오씨 다목적 합성세제와 에스에이에잇(SA8) 농축세제는 최고 인기품목이다. 또한 아티스트리 화장품과 스킨 케어 제품이 있으며 뉴트리라이트 비타민 등 건강보조식품과 기타 다양한 식품, 신화적인 농구선수 샤킬 오닐의 이름을 딴 고열량 식품인 샤끄 바도 있다. 암웨이 정수기는 1995년에 북미, 일본, 그리고 아시아 태평양 지역에서 45만 대 이상이 판매되었다.

암웨이 제품은 권장 소비자 가격도 저렴해서 시장 경쟁력이 매우 높다. 특히 고객이 받는 서비스와 편의성은 더욱 그러하다. 제품이 문 앞까지 배달되기 때문이다. 디스트리뷰터는 판매하거나 자신이 사용하기 위해 구입한다. 디스트리뷰터는 도매가로 살 수 있는데 대개 권장 소매가보다 30% 낮다. 모든 제품은 환불이 보장된다.

암웨이는 요즘 일어나고 있는 쇼핑 방식의 혁명에 앞장서고 있다. 암웨이의 카탈로그 제품이 그 노력을 단적으로 보여주는데, 이것이 암웨이의 이미지를 상당히 변화시키고 있으며 소비자나 디스트리뷰터로부터 호응을 얻고 있다.

리처드 포는 자신의 저서 〈제3 물결 I : 네트워크 마케팅의 새 시대(Wave 3: The New Era in Network Marketing)〉에서 이렇게 기술한다. "네트워크 마케팅 산업이 급속히 발전하여 거대한 유통 고속도로를 형성하고 있다. 미래에는 네트워크 마케팅 회사가 단순한 판매 회사가 아니라 유통 고속도로로 성장할 것이다. 예리한 투자가라면 그 고속도로를 따라 급속히 이루어지는 가상 제휴를 눈여겨볼 것이다."

포가 예언하는 미래는 바로 암웨이의 현재이다. 암웨이는 수백 개의 제조 회사 및 서비스 회사를 연계하여 수천 가지 브랜드의 제품을 제공한다. 디스트리뷰터가 이 제품들을 고객에게 소개하면,

고객은 전화나 팩스로 암웨이에 주문한다.

이래도 암웨이가 비누 회사에 지나지 않는가? 암웨이의 〈퍼스널 쇼핑 카탈로그(Personal Shoppers Catalog)〉를 빠르게 넘겨 보면 삐에르 가르뎅에서부터 허시에 이르는 다양한 브랜드의 제품을 발견할 수 있다. 암웨이 서비스도 제공된다. 주요 서비스 제휴 업체로는 MCI 장거리 전화(MCI가 AT&T의 주요 경쟁사로 성장하는 데 암웨이가 일등공신이었다), 비자 카드, 노스웨스트 항공사, 그리고 전자음성 사서함 서비스인 AMVOX 네트워크 보이스 메시지가 있다.

왜 그토록 많은 유명 회사들이 앞다투어 암웨이 제품 카탈로그에 자사 제품을 집어넣길 원하는 것일까? 그것은 전세계 70여 개 국에서 의욕적으로 활동하는 판매 인력에 바로 접근할 수 있기 때문이다. 급속히 팽창하는 유통 고속도로에서는 디스트리뷰터가 바로 주역이다.

암웨이 철학

당신이라면 어느 쪽을 택하겠는가? 당장 1백만 달러의 현금을 받겠는가 아니면 지금 1센트를 받고 매일 한달 동안 두 배로 곱해서 준다는 보장을 받겠는가?

만일 1백만 달러를 받겠다고 한다면 당신은 바보다. 왜냐하면 후
자의 경우, 30일째에 4백 20만 달러, 31일째에 8백 40만 달러를 받
을 수 있기 때문이다. 믿기지 않으면 이 책 여백에다 계산해 보라!

암웨이는 자회사를 직접판매 회사로 부르길 더 좋아한다. 즉, 하
나 이상의 유통망을 거치지 않는다는 의미이다. 확실히 생략되는
단계는 소매상이다. 제조회사가 제품을 디스트리뷰터나 도매상에
보내면 그들이 다시 제품을 각 상점에 배달하는 구조가 아니다. 다
이렉트 셀링 조직에서는 한 디스트리뷰터가 제조회사로부터 직접
재고물량을 받아서 고객에게 판매한다. 디스트리뷰터는 자신이 판
매한 제품의 수량과 가치에 따라 수당을 받는다.

암웨이를 네트워크 마케팅 회사로도 부르는데, 대중매체 광고 같
은 종래의 마케팅 방식이 아닌 '사람 네트워크' 즉, 인적 구성원이
그물망처럼 연결된 조직을 통해 제품을 판매한다. 디스트리뷰터가
개인 거래처 즉, 친구, 동료 그리고 친구와 동료의 친구로 이루어
진 연결망에 크게 의존해서 제품을 판매한다.

또한 다단계 마케팅 회사로도 부를 수 있다. 자기가 제품을 판매
함으로써뿐만 아니라 자신의 다운라인이 제품을 판매함으로써도 돈

을 번다. 업라인과 다운라인간의 사업관계에 따라 수입의 분배가 결정된다. 암웨이 디스트리뷰터가 이렇게 자기 소개를 하는 것을 들을 수 있을 것이다. 예를 들면 "전 밀러 다이아몬드 DD의 조직에 있는데요, 이것은 브리트 월드 와이드의 일부입니다."와 같이 말한다. 이것은 다양한 업라인 디스트리뷰터를 지칭하는 것이다. 암웨이 족보인 셈이다. 한때 암웨이를 '피라미드'라고 오해한 적이 있는데, 법적으로 그것이 사실이 아니라는 근거를 암웨이는 이렇게 제시한다: 연방무역위원회는 1979년에 암웨이가 피라미드가 아닌 합법적 기업이라는 판결을 내렸다(이 문제에 대한 더 자세한 사항은 10장 참조).

암웨이와 소비자 혁명

요즘 암웨이가 크게 성장하고 있다. 편의성, 품질, 그리고 개인 서비스에 중점을 두는 소비자 혁명을 암웨이가 주도하기 때문이다.

당신은 그때 그 시절을 기억하는가?

• 월요일에서 금요일까지 오전 9시부터 오후 2시까지 은행 업무를 다 보아야 했다. 만약 금요일 오후에 현금 인출할 것을 깜

빡 잊었다면 꼼짝없이 월요일까지 기다려야 했다.

- 밤 9시 이후로는 우유, 빵, 아스피린을 살 수 없었다.
- 식료품 가게에서는 현금만 받았다. 수표나 신용카드는 사절당했다.
- 전화 회사가 각 가정의 전화 설비를 소유하고 두세 가지의 스타일과 색상의 전화기를 제공했다. 전화를 가설하는 사람이 소비자의 집에 꼭 들어와야 했고 한 번 설치하면 다른 자리로 옮길 수도 없었다.

나는 그 시절을 잘 기억한다. 당신도 그때 그 시절과 달라진 주변의 놀라운 변화를 나열할 수 있는가?

요즘은 카탈로그를 보고 물건을 사고, 인터넷으로 비행기 표를 예매하고, 하루 24시간 쇼핑하고, 현금 자동지급기가 근처에 있기 때문에 수중에 현금이 없거나 은행이 수천 마일 떨어져 있어도 걱정할 필요가 없다.

편리성과 고품질은 시대적 요구이다. 경쟁력 있는 가격도 중요하다. 소비자는 그 어느 때보다 바빠졌고 정보기술의 보급으로 소비자의 선택폭이 한층 넓어졌다. 전세계는 다양한 신제품을 요구하고 있고, 국제 경쟁은 전에 없이 치열해져서 기업들이 기존 방식을 바꿀 수밖에 없게 되었다.

이러한 움직임이 신선하고 혁신적인 것처럼 보이겠지만 사실 유효성이 이미 입증된 옛날 방식의 현대적 변형일 뿐이다. 미국의 작은 시골 마을에서는 옛부터 집집마다 찾아 다니는 문전 판매나 통신판매가 일반적이었다. 농가나 웬만한 도시에서 멀리 떨어진 곳에 사는 사람들은 선택의 여지가 없었다.

암웨이는 더욱 개별적인 이웃간의 접근 방식을 활용한다. 동시에 새로운 방식의 제품 및 서비스의 제조, 운송, 판매, 구입을 찾아서 끊임없이 모색한다. 암웨이야말로 첨단 기술시대의 첨단 대인 사업인 것이다. 사람의 역할을 그만큼 중요하게 여겼기 때문에 암웨이가 성공을 거둘 수 있었다.

경력이나 자본 없이 성공하기

사업 여건이 충분하게 갖춰진 사람은 별로 없다. 세계적 일류 기업의 고위직까지 올랐던 사람도 이 점에 있어선 마찬가지이다.

나도 다른 전문 사무 직원처럼 기업 중역실에서 많은 경험을 쌓았다. 그러나 사업의 막후 실무에 관해서는 무지했던 것이 사실이다. 아래의 경우에 자신이 해당하는지 스스로 판단 해보라.

- 임금대장이나 장부를 보거나 기록한 적이 없다.
- 사무실 공간을 얻기 위해 협의한 적도 없고, 시설을 대여하거나, 서비스 계약을 한 적도 없다.
- 사업 허가를 신청한 적도 없고, 사용료를 지불하거나, 직원의 건강보험을 든 적도 없다.
- 샘플 케이스를 가지고 다니며 공항이나 세관에서 꺼내 보인 적도 없다.
- 계약을 체결하거나, 빚을 떼먹은 사람에게서 돈을 받아 내기 위해 변호사를 고용한 적이 없다.

렉스 렌프로는 워싱턴 D.C.의 연방정부에서 일했다. 최하 말단인 GS-3 사무 타이피스트로 시작해서 GS-4가 되었다. 공무원은 요람에서 무덤까지 평생보장이 되는 직업이다. 그러나 그걸로는 충분치 않았다.

렉스는 말했다. "나의 사업을 운영하고 싶었어요. 반평생 노력했지만 그 꿈을 실현할 수 없다는 것을 깨달았어요. 나같이 대학졸업장도 없는 사람은 아무리 열심히 일하거나 잘해도 더 이상 승진할 수 없다고 내 상사가 말했어요. 마치 둔기로 머리를 얻어맞은 기분이었어요."

특별한 재능, 특별한 지식, 물려받을 수 있는 부모님 사업이 없는 사람. 렉스는 그런 수백만 명의 보통사람 중 하나였다. 자기 사업을 갖기를 꿈꾸지만 그 꿈을 현실로 이룰 수단이 없는 보통사람이었다. 그러나 렉스가 암웨이에 관해 듣고 이 사업에 뛰어든 이후로는 상황이 바뀌었다. 성공으로 가는 길을 찾은 것이다.

성공하기란 참 어렵다. 어떤 사람은 사업을 시작할 노하우가 없고 또 어떤 사람은 자본이 없다. 웬만한 장사를 시작하려 해도 목돈을 쥐어야 한다. 〈엔터프리뉴어〉지는 프랜차이즈를 시작하는 데 드는 평균 자본을 소개한 적이 있다. 그 기사에 의하면 평균적으로 쇼핑백 광고업은 3천 달러, 골동품 가구 프랜차이즈는 6만 달러, 고급승용차 세차업은 20만 달러가 필요하다.

어떤 사람은 거절당하는 것을 두려워한다. 창업도 쉬운 일이 아니다. 중소기업은 도산하기 일쑤기 때문이다. 이렇게 성공하기가 어렵다.

이미 성공한 암웨이 디스트리뷰터들의 상당수도 그 사실을 몸으로 깨달은 사람들이다. 평생 저축한 돈과 열정을 모두 바쳐 투자했다가 망하는 경우가 다반사이다. 트리플 다이아몬드 DD인 팀 폴리는 프로 축구를 그만두기 전에 큰돈을 벌려고 했다. 비싸게 치른 교훈을 그는 이렇게 설명한다. "마이애미에서의 11개 시즌 동안 부동산에 투자했는데 큰 손해를 보았어요. 귀금속에도 투자했는데 망했어요. 마지막으로 헬스클럽과 스쿼시 센터에 투자했는데 얼마 동안은 장사가 되더군요. 하지만 이율이 21% 오르고 신규 회원 수가 줄어드는 바람에 문을 닫았어요."

헝가리 출신의 다이아몬드 DD인 세실리아 카라즈는 암웨이를 만나기 전까지 이루 헤아릴 수 없이 많은 사업을 시도했다. 이제 그녀는 과거에 실패한 사업에 대해 농담할 여유도 있다. "어떤 사람들은 우표를 수집하지만 저는 사업을 수집했어요"라고.

사업에는 성공하지만 생활의 균형을 잃는 사람도 많다. 매릴랜드 주 실버 스프링시에 살고 있는 밥 진더와 그의 아내 재키도 그런 사람 중 하나였다. 그들은 장사가 잘되는 유명한 레스토랑 하나를 운영하였다. 수입이 좋았을 뿐만 아니라 동료의 부러움과 존경도 한몸에 받았다. 밥이 워싱턴 레스토랑 연합의 의장으로 선출된 것만 보아도 알 수 있다.

　자기 사업으로 고수익과 존경을 누리던 이 부부가 왜 암웨이로 눈을 돌렸을까?

　사실 식당을 운영하는 것은 고된 일이었다. 장시간 근무와 눈코 뜰 새 없는 일 때문에 두 자녀를 돌볼 시간도 거의 없었다.

　현재 밥과 재키는 성공적인 암웨이 사업을 운영하고 있으며 융통성 있게 근무 스케줄을 짜서 풀타임 부모 노릇을 하고, 또한 일을 통해 사회에 기여하고 있다. 이 부부를 포함한 많은 사람들에게 암웨이는 생활의 균형을 되찾아 주는 사업임이 확실하다.

국제사업도 가능한 암웨이 비즈니스

　암웨이에서는 믿어지지 않는 일이 많이 일어난다. 브라이언 헤이즈가 암웨이에서 일하게 된 것도 그 중 하나이다. 브라이언은 27세에 이미 모토롤라사의 고위 중역이 된 사람이다. 그는 업계를 분석하고 비교하는 부서에서 근무했다. 그가 일리노이주에서 승진된 지 6주가 지났을 때 한 트럭 운전사가 다가와서 암웨이에 대해 설명했다. 당시에는 브라이언이 아니라 아내 마거릿트가 관심을 보였다. 그녀는 암웨이 사업을 본격적으로 시작했다. 마거릿트의 놀라운 성공을 지켜본 브라이언은 자신도 암웨이 일을 시작하기로 결심했다. "아주 바보는 아니거든요." 훗날 그는 이렇게 농담했다.

3년 만에 브라이언은 모토롤라사를 그만둘 수 있었다. 그는 이제 막 30대에 접어들고 있었다! 현재 그들 부부는 26년째 풀타임으로 암웨이 일을 해서 트리플 다이아몬드 DD가 되었고 암웨이의 가장 큰 디스트리뷰터 지원 조직 중 하나인 '인터내셔널 커넥션'을 지도하고 있다.

브라이언은 말한다. "저는 암웨이에 뛰어든 전문직 출신 선두 주자입니다. 전문인들에게 매력적인 사실은, 각자의 직업을 유지하면서 이 사업을 키울 수 있다는 점입니다. 그러다가 준비가 되면 직장을 그만둘 수 있어요."

지칠 줄 모르는 사업가인 브라이언은 다른 사업에도 손을 댔다. 그는 자신의 '외도'에 대해 "멍청한 짓을 한 셈입니다."라고 잘라 말한 뒤 "다른 사업들은 엄청난 자본과 간접비가 들었고, 직원 관리 등 온갖 골칫거리가 많았지요. 하지만 암웨이 사업은 약간의 간접비만 들 뿐입니다. 단 한 명의 파트타임 비서만 있어도 집에서 국제적 사업을 운영할 수 있지요. 구역도 경계도 없구요."라고 결론 삼아 말했다.

암웨이 키트

브라이언 헤이즈는 또한 "요즘같이 창업이 유행하는 시대에는 문자 그대로 수천 가지 사업기회가 있습니다. 그러나 시작하기 쉽고, 돈이 적게 들고, 융통성 있는 암웨이보다 나은 사업은 지금까지 본 적이 없습니다."라고 힘주어 강조했다.

인생을 바꿔 놓을 수도 있는 이 사업을 시작하는 데는 고작 1백 35달러 밖에 들지 않는다. 그것은 암웨이 키트의 가격이다. 이 키트는 새로 가입한 디스트리뷰터를 위해 제작된 제품과 자료를 담은 키트이다. 암웨이 비지니스 키트는 사업을 도울 뿐만 아니라 암웨이를 생생하게 소개하기 때문에 큰 도움이 된다. 성공을 보장받는 사람은 아무도 없다. 그러나 누구나 기회를 제공받는다. 현재 수입이 얼마이고, 가진 자본이 얼마이고, 교육을 어디까지 받았는가는 아무런 상관이 없다. 다른 사업을 시도했다가 실패한 사람이나, 시도했다가 성공한 사람이나, 아예 시도해 보지도 않은 사람도 암웨이 사업을 시작하기가 얼마나 간단한지 알면 아마 놀랄 것이다. 게다가 스폰서와 업라인이 당신을 성공하도록 힘껏 지도하고 도울 것이다. 요즘 시장에서 이런 사업은 찾아볼 수 없다.

비지니스 키트에 담을 수 없는 것 중 한가지는 암웨이 디스트리

뷰터들이다. 혼자 힘으로 새로운 일을 시작하려면 상당한 용기가
필요하다. 폭풍우치는 바다 한가운데서 물이 새는 보트에 홀로 있
고 싶은 사람은 없을 것이다. 암웨이처럼 탄탄하고 이름 있는 회사
뿐만 아니라 주요 디스트리뷰터 조직 중 하나와 한 팀이 된다면,
더 이상 혼자가 아니고 불이익을 받지도 않을 것이다.

- 당신은 스폰서와 업라인 디스트리뷰터의 지도를 받을 것이다.
  그들은 당신의 성공 여부에 지대한 관심을 가지고 있다. 당신
  이 성공하면 그들이 성공하는 것이다. 아주 단순한 원리이다.
- 암웨이가 보장하는 고품질 제품으로 인해 판매면에서 큰 이점
  을 가진다.
- 당신이 첨단 사업에서 일하고 있다는 것은 기술로 확인된다.
  이 첨단 사업은 끊임없이 신제품을 개발하고, 새로운 합작투
  자를 시작하고, 새로운 시장을 개척한다.
- 암웨이 키트는 가능한 한 실수 없이, 자립하는 데 필요한 효과
  적인 도구이다.

암웨이 재산목록 제 1호는 사람이다. 한 사람이 얼마나 많은 사

람을 동원할 수 있는지 알면 놀랄 것이다. 25세 이상의 미국 성인
이 평균 2천 명 정도를 안다고 한다.

　기회는 분명히 있다. 당신은 이미 디스트리뷰터 네트워크를 개발
할 잠재력을 가지고 있다. 단지 그 사실을 모를 뿐이다!

제 **4**장
가정의 중요성

암웨이는 가족사업이다
결속력 강화하기
남편을 되찾게 해 준 암웨이
동생의 파수꾼
암웨이라는 유산상속
대가족
쓰라린 시절을 승리로 바꾼 힘
포기하지 말라
훌륭한 스승들
암웨이 경영진의 세대교체

제4장

가정의 중요성

그들은 보트에 앉아 있었다.

닉은 뱃머리 쪽에 앉아 있었고, 아버지는 노를 저었다.

태양이 산등성이 위로 모습을 드러내고 있었다.

농어가 물위로 점프해서 수면에 파문을 일으켰다.

호수에 담근 닉의 손이 동심원을 그렸다.

아침의 싸늘한 냉기 속에서 문득 온기를 느꼈다.

이른 아침의 호수에서 노를 젓는 아버지를 보며

그는 뱃머리에 앉아 확신했다.

그가 죽는 일은 결코 없을 거라고.

― 어네스트 헤밍웨이, 〈인디언 캠프〉 중에서

암웨이는 가족사업이다

미 시건주 에이다시에 있는 암웨이 본사의 로비에는 가로 20피
트, 세로 7피트의 벽화가 걸려 있다. 이 그림 제목은 '결속'
이다. 화가 폴 콜린이 1985년에 제이 밴 앤델과 리치 디보스에게
증정한 그림이다.

여러 비네트를 엮은 이 그림은 암웨이 이야기를 한눈에 보여준다.
성공의 험난한 길, 그것을 가능케 한 조국, 오늘날의 암웨이가 있
게 한 전설적 디스트리뷰터들이 이 그림 안에 있다. 모두가 결속력
으로 하나가 되어 놀라운 일을 가능케 했다.

이 '결속' 벽화에서 무엇보다도 두드러지는 것은 공동 창업자의
삶과 그들의 기념비적 업적에서 보여 준 가족의 역할이다. 벽화의
중앙에는 제이의 초상화가 있고 그 양 옆에 아내 베티와 네 자녀의
초상이 있다. 제이 옆에는 리치의 초상이 있는데 양 옆에 아내 헬
렌과 4명의 자녀가 있다.

가족은 암웨이 기적의 핵심을 이룬다. 창업자뿐만 아니라 전세계
암웨이 디스트리뷰터 모두에게 그러하다. 내가 인터뷰한 사람들은
모두 한결같이 암웨이의 그러한 역할을 높이 평가한다. 암웨이는
가족을 결속시켰고 심지어 위기에서 구하기도 하였다.

온 가족이 참여하고 다음 세대에 물려줄 수 있는 사업, 가정을 파탄의 위기에 빠뜨리지 않고도 성장할 수 있는 사업이 바로 암웨이다. 처음엔 한 배우자가 암웨이를 시작하고 다른 배우자는 계속 다른 직장에 다닐 수 있다.

이혼을 막기도 하고, 수십년 간 인연을 끊고 산 부모 자식을 화해시키기도 한다. 가족이 없는 사람에게는 따뜻한 가족이 되어 주기도 한다.

오늘날 미국 가정의 현주소와 얼마나 좋은 대비를 이루는가! 현재 미국 어린이 중 30%가 사생아로 태어나는데 약 25%가 백인이고 70%가 흑인이다.

두 부모가 다 있어도 맞벌이 부부가 매우 일반화되었다. 통근 거리는 길고 업무는 더 과중해졌다. 일 때문에 아이들과 배우자는 점점 뒷전으로 밀려난다. 가족이 하숙생처럼 되었고 밤늦게나 이른 아침에 잠깐 스칠 뿐이다.

한편, 재정문제가 심해지는 사회보장 시스템과 사회보장을 유지하기 위해 세금은 늘어가고 결국 세대간 갈등을 유발하고 있다. 노인이 소중한 자원이 아니라 부담스런 짐으로 여겨진다. 미국 가정이 위기에 처해 있을 때 암웨이 가족은 그 해답을 찾았다.

결속력 강화하기

크 레이그 홀리데이는 늘 자신이 아버지가 되는 꿈을 꾸었다. 그의 아버지는 크레이그가 일곱 살 때 집을 나갔다. 어머니는 알코올 중독자였다. 그래서 어린 소년은 친척 집을 전전하며 자라야 했다.

그의 꿈은 1970년말에 산산조각났다. 밤늦게까지 친구들과 진탕 마신 후 집으로 돌아왔을 때 부엌 탁자에 놓인 쪽지를 발견했다. 그의 아내 캐롤이 쓴 쪽지였다. "당신 곁을 떠나겠어요. 당신이 정신차리기 전까지는 돌아오지 않겠어요."

좌절할 대로 좌절한 크레이그는 올 것이 왔다는 것을 알았다. 그는 방향을 잃었다. 경영하던 건설회사가 도산위기에 처했다. 거래하던 부동산의 경기도 나빠졌다. 연이은 사업 실패로 캐롤에게 면목이 없어져서 친구들과 술을 마시며 허송세월을 했다. "친구들의 부인 이름도 몰랐어요." 그는 우울하게 당시를 회상했다. "왜냐하면 다들 자기 아내를 '할망구'라 불렀거든요."

"우린 파산했어요." 캐롤이 당시 생활을 이야기했다. "정신적 파산이었어요. 25만 달러를 빚진 상태였어요. 내가 할 수 있는 일이라곤 남편이 정신차리기를 기도할 뿐이었어요."

그들 부부는 가구를 팔아서 빚을 갚았다. 얼마 되지 않아 가구라 곤 하나도 없는 텅 빈 집이 되었다. 가진 것도, 희망도 없었다. "이 혼하려고 했는데 그럴 여유도 없었어요" 캐롤은 말했다.

크레이그가 캐롤의 쪽지를 발견한 지 2주 후, 댄 로빈슨과 그의 아내 자네트가 그들에게 암웨이 판매 및 마케팅 플랜을 소개했다. 캐롤은 그 테이프를 귀기울여 듣지도 않았다. 크레이그도 시간이 없다고 둘러댔다. 그러나 얼마 후 마지못해 암웨이 사업을 시작했 다. "다른 할 일이 없었기 때문에 우리 사업은 빠르게 번창했어요." 크레이그는 말한다. "가진 것이라곤 하나도 없었죠. 우린 그저 파 산한 부부에 지나지 않았어요. 암웨이 사업을 하리라곤 상상도 못 했어요. 하지만 언제나 중요한 사람이 되겠다는 꿈은 간직하고 있 었죠."

15년 이상 지난 지금 수석 다이아몬드 DD가 된 크레이그와 캐롤 은 암웨이가 그들에게 가져다 준 모든 것을 돌이켜본다. 친구와 극 동 지역에 여행간 일, 뉴욕에서의 즐거운 쇼핑, 알래스카로 떠난 낚시 여행, 그리고 태평양이 내려다보이는 아름다운 그들의 집. 그 러나 가장 중요한 것은 암웨이가 그들 인생에 해준 일이다.

"암웨이의 진정한 승리는 내면의 승리입니다." 캐롤이 말한다.

"우린 다시 서로 사랑하는 법을 배웠어요."

캐롤은 태국에서의 마법과도 같은 그날 밤을 아직도 기억한다. 그때 캐롤과 크레이그는 암웨이 디스트리뷰터 대회에 참석하고 있었다. "우린 가든이라는 이름의 아름다운 곳에 갔어요. 방콕에서 한 시간 정도 떨어진 휴양지였어요." 그녀가 말한다. "마치 에덴 동산 같았어요." 천지에 꽃이 흐드러지게 피어 있고, 전통 의상을 입은 어린이들이 촛불과 난초 바구니를 들고 다녔다. 황혼이 질 무렵 그 부부와 일행은 풍성한 태국 요리를 대접받았고 태국 무희들이 그들을 즐겁게 했다. 가구 없는 텅 빈 집과 산산조각난 꿈은 이미 옛이야기가 되었다.

"그때 크레이그가 춤추자고 속삭였어요." 캐롤은 말한다. "그리고 내게 꽃을 주었어요. 우린 그 에덴동산에서 춤을 추었어요. 인생을 전환할 기회를 얻지 못했다면 그런 일은 일어나지 않았을 거예요. 어쩌면 우리는 이미 이혼했을지도 모르죠."

그가 꿈꾸었던 것처럼, 그리고 자신에게 약속했던 것처럼 크레이그는 그의 세 자녀에게 자상한 풀타임 아버지가 되었다. 그러나 악마는 여전히 크레이그의 내면에 갇혀 있었다. 바로 그가 어릴 때 집을 나간 아버지에 대한 증오심이었다.

"마침내, 굴레에 갇힌 사람이 나 자신이라는 것을 깨달았어요. 그 증오를 짊어지고 다녔던 거예요." 크레이그는 설명한다. "저는 그때 아버지를 용서하기로 결심했어요. 아버지를 리더 집회에 초대해서 함께 단상에 섰어요. 그리고 그에게 용서를 빌었어요. 이 과정에서, 내면의 분노로부터 완전히 치유되는 경험을 했어요." 크레이그는 현재 아버지와의 화해를 구하는 이들을 위해 그가 설립한 조직인 '모리아 미니스트리스'(Moirah Ministeries)를 운영하고 있다.

남편을 되찾게 해 준 암웨이

수석 다이아몬드 DD인 클리프 민터는 암웨이가 아버지에게 주는 영향에 대해 많은 생각을 한 사람이다. 학대받으며 자란 클리프는 뭐든지 과잉으로 성취하여 과거를 보상받으려고 했다. 심지어 아버지와 남편으로서의 역할을 희생시켜서라도.

클리프는 말했다. "남자는 근본적으로 겁쟁이입니다. 자기 환경을 통제할 때는 의기양양하죠. 전 발 치료 전문의인데 수술실에 들어가면 내가 최고죠. 하지만 자신의 영역을 벗어나면 섬뜩한 불안감을 느끼죠. 암웨이가 없었다면 난 지금쯤 이혼당했을 겁니다. 나처럼 생각하는 사람이 암웨이에 수두룩해요."

암웨이는 많은 여성에게 시간을 주어 집에서 아이를 돌보며, 돈도 벌고, 직업적 만족을 얻도록 도왔다(그리고 그럴 충분한 이유가 있다). 좋은 남성상이 부재한 현대 사회에서, 암웨이 디스트리뷰터 가운데 남성들은 대부분 인격적으로 성숙하여 화목한 가정을 이룬다고 클리프가 말했다.

래리 코닝이 좋은 예이다. 래리는 산부인과 의사인데, 과거에 환자를 진료하느라 온통 시간을 빼앗겼고, 전직 간호사였던 아내 줄리는 집에서 두 아들을 길렀다.

줄리는 말했다. "남편의 허리춤에서 쉴새없이 울려대는 호출기 때문에 가정생활이 엉망이었어요. 남편을 일에 빼앗긴 셈이죠. 일을 질투할 정도였어요. 그때 돌파구를 찾았어요. 내 남편을 되찾을 수 있는 방법을 암웨이에서 찾았던 거예요."

코닝씨 부부는 다이아몬드 DD가 되었고 래리는 진료 업무를 반으로 줄였다. 두 사람 모두 아들의 학교 행사에 적극 참여하고 있다. 줄리는 말한다. "우린 둘 다 학교행사에 참여하는 보기드문 부모예요. 대개 부모 중 한 명만 학교 행사에 참여하잖아요." 코닝씨 부부는 아들들을 암웨이의 많은 성공적인 사람들에게 노출시켜서 그들이 긍정적인 태도를 가지게 되었다고 좋아한다.

동생의 파수꾼

브래드 던컨의 전화를 받았을 때 내가 어느 던컨과 통화하고 있는지 재차 확인해야 했다. 사실 암웨이에는 성공한 던컨씨가 많기 때문에 누가 누군지 알려면 암웨이 족보가 필요할 지경이다. 브래드 던컨과 그의 아내 줄리는 둘 다 더블 다이아몬드 DD이다. 브래드의 형 그레그와 그의 아내 로리도 마찬가지이다. 다른 형제 한 명도 다이렉트 디스트리뷰터이다. 그리고 이들의 부모도 모두 다이아몬드 DD이다!

브래드는 자신의 아버지가 바친 노력과 열정으로 인해 가족의 사업적 성공이 이루어졌다고 생각한다. 그가 말했다. "우린 몬타나에서 자랐는데 아버지는 여러 사업에 성공하셨어요. 모든 일을 손수 하셨고 일이 되게 밀어붙이셨어요."

그러나 브래드는 어른이 되면서 중심을 잃고 방황했다. "난 학교에서 잘 노는 아이였어요." 그것은 성적에서 드러났고 결국 그는 대학에서 퇴학당했다.

한편, 시애틀에서는 형 그레그가 외과 전문의가 되기 위한 9년

간의 과정을 마쳤다. 그러나 그는 개업하지 못했다. 왜냐하면 그가 의사 일에서 얻고자 한 것, 아니 그 이상을 암웨이가 가져다 주리라는 것을 깨달았기 때문이다. 무엇보다도 직업에 얽매이고 싶지 않았기 때문이다. 그는 가정을 우선시하는 사람이었다. 아직도 수많은 의사들이 고된 나날을 보내는 반면에 그레그와 그의 아내 로리는 이미 백만장자가 되었다.

남동생 브래드가 길을 찾도록 도와 준 사람도 형인 그레그였다. 스물두 살에 학교를 그만둔 브래드는 딱 일년 간 건설회사에서 일했다. 스물세 살에 그만둔 이후 다시는 남의 밑에서 일하지 않았다. 그레그가 그에게 암웨이 플랜을 소개했기 때문이다. 브래드와 줄리도 맹렬하게 사업을 성장시켰다. 그리하여 30대에 백만장자가 되었고 세 채의 집을 가지게 되었다. 더 이상 항공 마일리지에 연연할 필요도 없다. 돈 내고 비행하지 않아도 되기 때문이다. 자가용 비행기가 있으니까.

이 모든 게 론과 조지아 리 퓨리어, 그리고 빌과 페기 브리트의 지도덕택이라고 말하면서 브래드는 회상한다. "암웨이는 사람 말에 귀기울이고 배우는 방법을 가르칩니다. 그래서 성공할 수 있게 돕습니다."

암웨이라는 유산상속

1979년 1월 2일 오전 10시 30분은 수석 다이아몬드 DD인 데론 넬슨이 평생 잊지 못할 순간이었다. "저의 마지막 환자를 진료했습니다. 검안사로 일한 지 8년째 되던 해였어요."

또한 아내 달렌이 운영하던 암웨이 사업에 동참한 때이기도 하다. "우리는 암웨이가 제공하는 생활 스타일을 찾고 있었어요. 그래서 우리는 성공했어요." 데론은 말한다. "내일을 걱정하는 사람들이 많아졌지만 우리는 아니에요."

의사 일은 데론이 원하는 삶을 가져다 주지 않았다. 그러나 대학 1학년생 미식 축구부를 코치하면서 얻은 교훈은 암웨이에서 성공할 수 있는 원동력으로 작용했다. "미식 축구에서는 개성도 중요하지만 팀의 구성원으로서 뛰는 것이 더욱 중요해요. 코치할 때 저마다 다른 속도로 선수를 훈련시켜야 해요. 선수의 능력도 각양각색이죠." 월드 와이드 드림빌더의 일원인 데론은 미식 축구 코치 경험에서 얻은 교훈을 바탕으로 암웨이에서 지도와 팀워크의 중요성을 강조한다.

넬슨 부부는 세 자녀에게 암웨이라는 유산을 물려줄 것이라고 한다. "부모의 약 2%만이 자기 직업을 자식이 이어받길 바랍니다.

저도 제 자식더러 검안사가 되라고 권한 적이 없었어요. 하지만 성공한 암웨이 사람들은 대부분 자녀에게 이 사업을 권합니다. 비전이 있는 사업이니까요." 여기에서 암웨이의 진가가 드러난다.

대가족

암웨이는 일하는 여성으로 하여금 가정으로 돌아가 자녀를 돌볼 기회와 선택권을 주었다. 얼굴조차 보기 힘들던 남편을 가정으로 돌아가게 했다. 별거하던 부부가 다시 합쳐서 공통의 미래를 설계하도록 도왔다.

이해와 화해의 기업이기 때문에 가족 구성원이 위기를 극복해서 뭉치도록 돕는다. 크라운 앰배서더 DD인 짐 도넌과 그의 아내 낸시는 그것을 뼈저리게 경험했다.

퍼듀 대학을 졸업한 두 사람은 캘리포니아로 옮겨서 짐은 항공 엔지니어로, 낸시는 병리학자로 경력을 쌓았다. 스물다섯 살에 그들은 직장을 그만두고 암웨이를 통해 재정적 자립의 꿈을 키워 나갔다.

바로 그때 둘째 아들 에릭이 척추피열이라는 장애를 안고 태어났다. 가족은 정신적, 물질적 파탄에 빠졌다. 에릭은 2년 간격으로

15번의 뇌수술을 받아야 했다. 짐은 말했다. "우린 가족보험도 없었어요. 그래서 암웨이 사업에서 반드시 성공해야 했어요. 우린 필사적이었습니다. 1976년부터 1979년 사이에 다이렉트 디스트리뷰터에서 크라운 DD 단계까지 올랐습니다."

암웨이 사업은 에릭을 치료할 기회를 주었고, 에릭이 고통스런 시련을 겪는 동안 그의 옆에 머무를 수 있게 해 주었다. 짐은 말한다. "장애인으로 태어난 아이의 아버지 중 70%가 슬픔과 죄책감 그리고 경제적 파산으로 결국 가정을 버린다고 하더군요. 하지만 저의 경우 암웨이가 있었기 때문에 에릭의 수술비를 댈 수 있었고, 우리처럼 어려움을 겪는 사람들을 도울 수 있었어요."

쓰라린 시절을 승리로 바꾼 힘

핵가족에 미치는 암웨이의 놀라운 힘은 아무도 부정할 수 없다. 암웨이 구성원들은 일종의 대가족을 이루어 기쁠 때나 슬플 때나 서로 돕고 사랑한다.

1982년에 항공 관제원이었던 루이 카릴로가 해고되었을 때, 그는 이미 시작했던 암웨이에 본격적으로 뛰어들었다. "암웨이에 참여하라고 권유할 5백 명의 명단을 작성했습니다." 루이는 회상한다. 5

백 명 대부분이 같은 처지에 놓인 동료 항공 교통 관제원이었다. "하나같이 거절했어요. 모두가 '노'라고 했어요. 그리곤 '아무도 암웨이를 하고 싶지 않아'라고 대답하더군요."

현재 아내 캐시와 수석 다이아몬드 DD가 된 루이에게는 그 당시 이러한 거절이 오히려 승낙한 사람들에 대한 책임감을 상기시켰다. 당시에 '예스'라고 승낙한 사람들은 카릴로의 가족이 되었다. "승낙한 가족은 하나의 씨앗과 같아요." 그가 말한다. "그 씨앗은 싹을 틔울 수도 있고 말라 죽어 버릴 수도 있어요. 모든 가정도 이와 마찬가지예요."

가족이 없던 치피 오스발디에게는 암웨이가 가족적인 사랑과 지원을 안겨다 주었다. 그랬기 때문에 치피는 지구 반대편으로 날아가 낯선 청중 앞에 섰을 때 이렇게 말할 수 있었다. "이제 여러분은 저의 가족입니다" 비록 통역사를 통하긴 했지만 그 스물일곱 살 먹은 인도네시아 청년의 열정은 그대로 전달되었다. 치피가 자카르타의 빈곤으로부터 탈출하는 과정을 이야기하는 동안 암웨이 디스트리뷰터들은 하나같이 전율을 느끼며 경청하였다.

"전 부잣집에서 태어나지 못했어요." 그가 말했다. "학교 성적은 좋았는데 나쁜 친구를 사귀었습니다. 담배를 좋아했고 허구한날 술

독에 빠져서 세월을 보냈어요. 처음 암웨이에 관해 들었을 때 암웨이 키트를 살 돈도 없어서 등록하지 못했어요. 그래서 돈을 모아 기어코 암웨이 키트를 구입했어요."

치피는 발벗고 나서서 친구들을 모조리 등록시키기 시작했다. 암웨이 플랜을 소개하는 데 소질이 있다는 것을 치피는 깨달았다. "부모님께 달려가서 암웨이를 소개할 때는 정말 신이 났어요. 어머니와 동생은 당장 암웨이에 가입했어요."

그러나 아버지는 달랐다. 오히려 화를 내었다. "당장 암웨이를 집어치워!" 아버진 가족에게 명령했다. 치피의 어머니와 동생도 하는 수 없이 그만두었다. 아버지와 아들은 한바탕 언쟁을 벌였다. 결국 아버지는 다신 집에 발을 들여놓지 말라고 아들에게 명령했다.

하늘이 무너지는 듯한 좌절감이 밀려왔다. 소년에겐 아버지에 대한 존경심이 아주 중요해서 집에 갔던 것인데 결국 돌아온 것은 아버지와의 의절이었다. "호주머니엔 겨우 10달러가 들어 있었어요." 그가 말했다. "모든 게 끝장났다고 생각했어요. 꿈에 대한 책임을 져야 한다는 것을 알았어요." 그는 정말 열심히 일했고 절대로 자기연민에 빠지지 않았다.

치피는 한 달에 1백 번씩 넉 달 동안 플랜을 소개하기로 작정했다. "제 꿈은 확고부동했거든요."라고 그는 말한다.

젊은 청년은 아주 빠르게 실버 프로듀서, 그리고 에메랄드 DD가 되었다. 그의 성공 소식을 접한 가족이 다시 치피를 가족의 집으로, 그리고 아버지의 품으로 맞이했다.

포기하지 말라

때론 중도에서 포기하지 못하게 하는 것도 바로 암웨이 가족이다. 나를 돕기 위해 애쓴 사람을 실망시키지 않겠다는 의지가 큰 힘이 된다. 유타주에 사는 돈 윌슨과 그의 아내 낸시에게는 바로 큰 동기가 되었다.

"우리가 암웨이에서 성공할 수 있었던 것은 두 가지 때문이었어요." "제 아버지는 열심히 일하는 법을 가르쳐 주셨고, 덱스터 야거는 현명하게 일하는 법을 가르쳐 주셨습니다. 이 두 가지가 다 있어야 성공할 수 있어요." 이같이 말하는 돈의 얼굴은 매우 밝았다.

열심히 일하는 것은 별 문제가 되지 않았다. 돈은 대학에서 농구와 야구를 하였고 나중에 고등학교에서 인기 있는 선생님이자 농구 코치가 되었다. 낸시는 집안일과 간호사 일을 병행하려고 노력했다.

"우린 많은 사람들이 정신적, 재정적 쪼들림에서 벗어나길 간절히 원했어요." 그건 쉬운 일이 아니었다. 그가 암웨이를 소개 받았을 때 '이것이 해답이다' 라는 것을 깨달았다. 크라운 앰배서더 DD가 된 덱스터 야거와 아내 버디가 아무 노력 없이 저절로 '꿈 실현의 대가' 라는 명성을 얻은 것은 아니다.

"세 살짜리는 모든 것을 원하죠." 덱스터는 말했다. "그러나 세상은 아이에게 기다리라고만 합니다. 그 아이가 청년이 될 때까지 세상은 '갈 수 없다' '하지 마라'고 언제나 좌절시켰기 때문에 청년은 더 이상 꿈을 갖지도, 목표를 세우지도 않게 되죠. 그날 그날을 살아갈 뿐이죠. 우리는 사람들이 꿈을 되찾도록 돕습니다. 꿈을 가지고 열심히 일하면 됩니다."

돈은 이어서, "우리가 포기하지 못하게 도운 사람은 바로 덱스터 야거와 버디였어요. 막 사업을 시작했을 때 그들을 알게 되었죠. 아무리 힘들어도 절대 포기할 수 없다는 것을 그때 깨달았어요. 첫째, 우리 자신을 포기할 수 없었어요. 둘째, 덱스터와 버디를 포기할 수 없었어요. 너무 존경했기 때문에 그들을 실망시킬 수 없었어요."

현재, 돈 윌슨과 그의 아내 낸시는 수석 다이아몬드 DD이다. 덱스터 야거와 버디와 마찬가지로 윌슨씨 부부도 암웨이에 동참한 사람들을 지도하고 격려하는 일의 중요성을 힘주어 강조한다.

훌륭한 스승들

이처럼 스승은 경험이 부족한 동료를 돕기 위해 가족처럼 지도와 지원을 아끼지 않는다. 암웨이에는 훌륭한 스승이 모자라지 않는다. 리치 디보스는 빌 브리트를 '우리 회사 역사상 가장 위대한 리더 중 한 사람'이라 불렀다. 빌은 자신이 한 일을 '아버지의 힘'이라 불렀다.

빌의 어린 시절 경험은 어쩌면 하느님의 선물이었는지도 모른다. 그의 아버지는 알코올 중독자였다. "술 취하지 않았을 때는 좋은 분이셨어요." 빌은 리치에게 말했다. "하지만 술만 마시면 딴사람이 되었죠. 그리고 집이 아수라장이 되었어요."

고교 상급반이었을 때 빌은 플로리다주 데이토나 해변에 있는 주유소에서 밤마다 아르바이트를 했다. 그곳에서 빌은 술에 취한 채 돈을 얻으러 나타난 아버지와 금고를 두고 실랑이를 벌이는 일이 잦았다.

"운동이나 음악회나 댄스파티와 같은 학교 행사에는 갈 엄두도 내지 못했어요. 친구 사귈 시간도 없었고요. 더 나쁜 것은 공부를 못했다는 거예요. 한 번도 책을 집에 가져 간 적이 없었죠. 졸업시험만 간신히 통과해서 졸업장을 들고 도망치다시피 하며 학교를 나왔어요."

고등학교를 졸업한 그는 미육군 사관학교에 입학했다. 한국전쟁에도 참전하였다. 고향인 노스 캐롤라이나에 돌아온 빌은 퇴역 군인 원호법의 도움을 받아 엔지니어가 되어 대학을 졸업했다. 그리고 장인의 도움에 의해 시공무원으로 취직했다.

빌 브리트는 아버지의 지도를 받지 못하면서 자랐다. 그러나 그의 아내 페기와 함께 암웨이 사업을 시작하면서 많은 사람들의 지도와 격려를 받았다. 할머니, 군 동료, 장인, 그리고 예수 그리스도가 그를 인도했다. 그것은 또한 아버지의 힘이었다. "이 사업에서 우린 그것을 아버지의 힘 그리고 어머니의 힘이라 부를 수 있어요." 빌이 설명한다. "우리 업라인 '아버지'와 '어머니'는 다운라인 '아들'과 '딸'들을 보살피는 법을 배워야 해요. 다른 좋은 부모들과 마찬가지로 우리는 아이들이 성장해서 우리의 친구가 되고 우리보다 잘되는 것을 바라보면서 기뻐하죠."

이러한 관점에서 크라운 DD인 버니스 한셴 길버트는 거의 반세기 동안 제이 밴 앤델과 리치 디보스와 인연을 맺어 오면서 부모로

서의 엄청난 기쁨을 느꼈다. 그녀와 고인이 된 남편 프레드는 1950
년대에 암웨이 사업을 밑바닥 단계부터 시작했다. 그때부터 지금까
지 버니스는 수천 명의 암웨이 디스트리뷰터를 지도하며 그들의 성
장을 지켜보았다.

암웨이 경영진의 세대교체

문을 연 지 37년이 된 암웨이와 암웨이의 성공한 디스트리뷰터
들은 이제 다음 세대에게 유산을 물려줄 때가 되었다. "많은
수의 2세들이 사업에 참여하고 있어요." 브라이언 헤이즈가 말했
다. "우리 아이들은 이 암웨이 속에서 자랐어요."

브라이언은 또 이렇게 덧붙였다. "대부분의 부모는 자식이 맨 처
음부터 시작하도록 스폰서링합니다. 아이들이 스스로 자기 사업을
키우도록 하죠. 물론 언젠가 우리 사업을 아이들에게 물려주겠죠.
하지만 당장 할 일은 아이들을 거실로 불러모아 암웨이 플랜을 소
개하는 겁니다. 그것은 우리 대부분이 하는 일입니다." 그 아이들
은 훗날 틀림없이 부모에게 감사할 것이다.

트리플 다이아몬드 DD인 제리 매도우와 그의 아내 체리는 암웨
이 사업에 동참한 아들과 딸이 자랑스럽다. 1970년부터 시작된 온

갖 고생의 결실인 것이다. "제리가 스물여섯 살 때 궤양에 걸렸지만 주 80시간을 근무해야 했어요." 체리가 회상한다.

"어린 아들이 아버지도 없는 상태에서 자라게 할 순 없잖아요. 그래서 우린 함께 시작할 수 있는 사업을 찾았어요."

제리의 마음속에는 언제나 그의 아버지가 살아 있었다. "아버지는 늘 당신의 사업을 운영하길 원하셨어요. 그래서 그것이 자연스럽게 나의 목표가 되었지요. 학벌 좋은 사람들이(예를 들면 석사학위, 박사학위 소지자) 업계 변화로 졸지에 실업자가 되는 것을 많이 보았어요."

암웨이 사업이 성공한 후 매도우씨 부부는 자유로워졌고 온 가족이 똘똘 뭉쳤다. 현재, 제리와 체리 그리고 그들의 아들딸이 모두 암웨이 사업에 참여하고 있다. 제리는 말한다. "같이 놀 때보다 같이 일할 때 부모 자식간에 많은 이해와 신뢰를 쌓게 됩니다."

현재 암웨이는 2세들이 두각을 드러내고 있다. 암웨이 창립자와 그 자녀들이 21세기를 준비하고 있다. 디보스와 밴 앤델의 자녀들은 자신들이 그 어떤 성공한 사업가의 자녀보다 운이 좋다고 말할 것이다. 사업가 자녀들은 대개 바람둥이이고, 쾌락에 몸을 맡기며, 돈을 물쓰듯 쓴다. 젊은 혈기로 난봉 부리며 허송 세월 하다가 어느 날 아버지가 은퇴하면 그 자리에 앉는 것을 당연시한다.

그러나 디보스와 밴 앤델의 자녀는 전혀 다른 경험을 하였다. 그들은 하나같이 암웨이에서 열심히 일해야 했다. 딸 낸 밴 앤델은 말했다. "우리 아버지들이(리치와 제이) 처음부터 열심히 일하도록 만드셨기 때문에 지금의 우리가 있는 것입니다. 이것은 다른 재벌 아이들이 물려받지 못하는 겁니다. 우리는 그것을 잘 기억합니다."

낸은 또 말한다. "절대 잊을 수 없을 거예요. 제가 1백 달러 어치 제품을 팔았을 때 암웨이 핀을 증정받았어요. 정말 흥분된 순간이었어요. 인정은 아무나 받는 게 아니죠. 우린 암웨이에서 그걸 얻어요."

이것은 디보스와 밴 앤델의 자녀에게 깃들여 있는 윤리와 정신으로 요약된다. 1970년 이후로 8명의 자녀들이 디스트리뷰터를 성장시키도록 노력하였고 암웨이 기업 내에서 여러 업무를 도맡아 왔다. 그 어떤 일도 하찮게 여기지 않았다.

1992년에 리치와 제이는 '암웨이 정책 위원회'를 만들었다. 이것은 현재 암웨이를 이끄는 리더 팀이다. 이 위원회는 아버지 세대와 자식 세대로 구성된다. 암웨이 정책 위원회가 회사 방침을 정하는 한편, 매일의 암웨이 운영은 이제 두 장남 딕 디보스와 스티브 밴 앤델의 손에 맡겨졌다. 딕은 1993년 1월에 그의 아버지가 66세의 나이로 은퇴하자 뒤를 이어 암웨이 사장이 되었다.

제이 밴 앤델이 1995년 9월에 71세의 나이로 일선에서 물러나고 스티브가 사장이 되자 암웨이의 세대 교체가 완료되었다. 스티브 밴 앤델은 딕 디보스와 공동 사장직을 맡았다.

암웨이 창립자와 그의 아들들이 자주 받는 질문은 이것이다. '딕/스티브 팀'이 지난 반세기 동안 '리치/제이 팀'이 한 것만큼 잘 해낼 수 있을까? 리치 디보스는 지난해 한 일간지에서 말했다. "제이와 난 50년 넘는 세월 동안 친구이자 동업자로 지내왔다. 재계에서는 보기 드문 일이다. 딕과 스티브도 같은 동업 정신으로 일하리라는 것을 확신한다. 난 스티브가 암웨이에서 성장하는 것을 지켜보았다. 그가 제이 뒤를 잇기에 손색이 없다는 것을 의심치 않는다."

스티브는 자신의 동업자에 대해 이렇게 말한다. "딕과 전 어릴 적부터 암웨이 속에서 함께 자랐어요. 지난 2년간 우린 많은 시간을 아시아에서 함께 보냈어요."

딕 디보스는 이렇게 감회를 표현한다. "우리는 이웃집에서 자랄 때부터 우정을 키워 왔어요."

거의 마흔 살이 다된 이 2세들은 새로운 도전에 직면하였다. 어떻게 리치 디보스와 제이 밴 앤델의 빈자리를 채울 것인가? 1995년 7월에 〈디트로이트 뉴스〉와의 인터뷰에서 딕은 이렇게 설명했다. "암웨이는 위대한 방향으로 전진하고 있습니다. 제 아버지와 제이가 이룬 성공과는 감히 비할 바가 못됩니다만 우린 계속 업계의 리더로 남고 싶습니다. 직접판매 방식이 시장에 뿌리내리도록 노력하겠습니다."

스티브 밴 앤델은 암웨이의 신중한 전략을 설명했다. "우린 지난 몇 년간 저희 아버지와 리치가 어떻게 50여 년 동안 동업 관계를 유지해 왔는가를 돌이켜보았습니다. 그들은 서로 같은 가치를 가지고 암웨이를 창업하셨습니다. 우리 2세들도 같은 동업 관계를 계속 유지할 것입니다."

암웨이의 미래는 확실히 밝고 진취적이다. 〈아마그램〉의 최근호에는 공동 창업자 리치 디보스와 제이 밴 앤델이 암웨이 디스트리뷰터에게 전하는 메시지가 들어 있다. 그들은 이 글을 통해 미래 목표 4가지를 제시하였다.

- 미래의 암웨이는 실행 가능하고 매력적인 사업 기회를 유지해야 한다.

- 미래의 암웨이는 실천에 주력해야 한다.
- 미래의 암웨이는 그 어느 때보다 창조적이어야 한다.
- 미래의 암웨이는 더욱 경제적 관점에서 성공을 평가할 것이다.

"향후 5년 동안 암웨이가 두 배로 성장할 것이라고 믿습니다."
리치와 제이는 말한다. "그러나 저절로 그렇게 되진 않을 겁니다.
디스트리뷰터와 전세계 일꾼들이 성장, 혁신, 그리고 성공이라는
암웨이의 전통을 위해 헌신적인 노력을 기울여야 합니다. 스티브와
딕, 암웨이 정책 위원회 그리고 암웨이 경영 팀은 이러한 전통을
지켜 나가야 할 책임이 있습니다."

암웨이의 아들딸은 회사와 수천 개의 견실한 사업을 21세기로 이
끌 강력한 무기와 자원을 가지고 있다. 또한 암웨이는 연륜을 존중
하는 조직이다. 가장 중요한 재산이 뭐냐고 딕과 스티브에게 묻는
다면 그들은 '리치와 제이'라고 서슴없이 대답할 것이다. 아들의
어깨에 손을 얹은 아버지의 확고하고 든든한 믿음은 신이 허락하는
한 계속될 것이다.

제5장
모든 역경을 딛고

고난을 딛고 성공하는 일
험난한 인생의 파도
과거의 절망, 현재의 암웨이
중퇴생의 꿈
오만과 편견
고난 끝에 성취한 다이아몬드 핀
만인을 위한 회사

제5장
모든 역경을 딛고

고난을 딛고 성공하는 일

인생에는 세 가지 장애가 있다. 첫째는 가지고 태어나는 장애이고, 둘째는 남이 강요한 장애, 그리고 셋째는 자기 자신이 강요한 장애이다.

타고난 장애가 가장 극복하기 힘들다고 생각하는가? 그렇다면 천식을 극복하고 1996년 올림픽에서 수영 4관왕이 된 에이미 반 다이켄을 보라. '못난' 민족으로 태어났기 때문에 성공의 열매를 딸 수 없다고 생각하는가? 그렇다면 콜린 파월을 대통령 후보로 영입하려고 애걸하는 정당대회에 가 보라. 그곳에서 환호 속에 콜린 파월이 연설하는 모습을 보라.

외부의 힘이 운명을 결정하는 것처럼 느껴질 때도 있지만, 사실은 자신이 강요한 한계가 가장 극복하기 힘든 장애이다. 에이미 반다이켄, 콜린 파월 그리고 수백만의 사람들이 현실의 장애를 극복하고 성공하였다. 꿈을 실현하기 위해 의지를 굽히지 않았기 때문이다.

고난이 아무리 오래 지속되어도 자기 내면의 힘으로 큰일을 할 수 있다고 믿는 것이 암웨이의 중심 사상이다. 크라운 앰배서더 DD인 덱스터 야거는 이렇게 말한 적이 있다. "변명은 거짓말의 허울이고 온갖 이유로 가득 차 있다."

다른 사업과는 달리 암웨이는, 사람들이 엄청난 고난에 직면했을 때 극복하고 성공하는 힘을 준다. 암웨이가 자신의 생명을 구했다고 말하는 사람도 있다.

험난한 인생의 파도

암웨이에서의 성공을 구세주로 여기는 많은 사람 중에 남부 캘리포니아의 서른네 살 먹은 다이아몬드 DD가 있다. 그의 이야기는 지극히 개인적인 것이기 때문에 가명으로 빌과 마리라고 부르겠다.

빌은 학생 때부터 인기 있고 장래가 촉망되는 젊은이였다. "난 최고가 되려고 했습니다." 그가 말했다. "하지만 노는 것도 좋아했는데 그만 선을 넘고 말았습니다. 마약과 술에 탐닉하다가 완전히 중독자가 되어 버렸지요. 제 자신을 돌아보았을 때는 이미 파산지경에 이른 상태였습니다. 아내 마리와 별거를 하다가 거의 이혼까지 갔었어요. 자살할 생각을 하기도 했지요."

암웨이는 사실상 그의 절망적 인생에 서광을 비춘 희망이었다. "스물네 살 때부터 암웨이 사업 속에서 성장했습니다." 빌은 말한다. "암웨이로 긍정적인 생활을 하는 한편 끔찍한 내면의 갈등 속에서 술과 마약에 기대어 사는 부정적인 생활을 했어요."

이중 생활을 한 셈이다

결국 그 사실이 주위에 알려졌다. "암웨이 디스트리뷰터들은 저를 용서하지 않았습니다. 하지만 제가 극복할 수 있도록 돕고 싶어했지요. 그들은 사랑과 보살핌을 아낌없이 나누어 주었습니다. 암웨이가 사업 외에 무슨 의미가 있느냐구요? 암웨이는 제 가족인 걸요."

"암웨이는 실수를 용서하는 기업입니다" 빌은 내게 말했다. "다른 회사였다면 당장 해고되었을 겁니다. 그리고 경력에 씻을 수 없는 오점을 남겼겠죠."

그렇다고 암웨이가 무슨 기적적인 치료책을 가진 것은 아니라고 빌은 설명했다. 사실, 그의 약물중독은 암웨이 사업을 시작했을 때도 계속되었을 뿐 아니라 더욱 악화되었기 때문이다. 그러나 암웨이는 그들에게 삶을 전환할 기회와 방법을 주었고 폭풍 속에 가라앉지 않도록 지원해 주었다. 빌의 말처럼, "암웨이 비즈니스는 일정한 근무처에 나가지 않아도 수입이 끊기지 않았습니다. 사람을 진정으로 보살피는 회사라는 생각이 듭니다."라는 생각을 절로 나게 하는 마력이 있었다.

지금은 맑고 깨끗한 정신을 되찾은 빌과 그의 아내는 다이아몬드 DD가 되었다. 그들이 성장시킨 사업은 남부 캘리포니아에서 20명의 다이렉트 디스트리뷰터를, 중국에서 1천여 명의 디스트리뷰터를 거느리고 동유럽과 중서부 유럽에서 두각을 나타냈다. "처음 암웨이 일을 시작할 때는, 나의 생활 반경이나 나의 사업이 국제적으로 되리라곤 꿈도 꾸지 못했어요." 빌이 말했다. "그것이 바로 암웨이가 우리에게 열어 보이는 문입니다."

과거의 절망, 현재의 암웨이

존 헬렌과 그의 아내 마리아는 2차 세계대전이 종식되고 복구를 시작할 때 세상의 반대편에서 생을 시작했다. 마리아는 도쿄에서 일본인 어머니와 미국인 아버지 사이에서 태어났고, 존은 이 탈리아에서 이탈리아인 어머니와 미국인 아버지 사이에서 태어났 다. 두 사람은 어릴 때 모두 미국으로 이주했다.

마리아는 어릴 적에 당한 조롱과 차별을 기억한다. 일본에서는 진짜 일본인이 아니라고 놀림을 받았고 미국에서는 진짜 미국인이 아니라고 놀림을 받았다. 게다가 천성적인 일본인 기질 때문에 마 리아는 매우 수줍음을 탔다. "전 그것을 수줍음이라고 생각했어 요." 하지만 수줍음은 두려움이었어요." 마리아는 그때의 일을 회 상하며 이렇게 말했다.

세상 반대편에서는 존 헤렌의 아버지가 가족을 버렸다. 하지만 어린 소년은 이탈리아 대가족 속에서 사랑과 보살핌을 받으며 성장 했다. 그들은 미국으로 이민 가는 꿈을 꾸었다. 미국으로 가는 배 삯을 벌기 위해 존의 할아버지는 검정색 큰 주전자를 집의 한쪽 곁 에 두었다. 돈이 생길 때마다 식구들이 그 안에 동전을 집어 넣었 다. "주전자가 차면 미국으로 가는 거야." 할아버지는 늘 말씀하시 곤 했다.

그리고 마침내 그날이 왔다. 존이 미국에 도착해서 배의 창구멍 으로 본 자유의 여신상은 평생 잊을 수 없다고 한다.

이러한 성장 배경 때문에 존은 미국에서 증명할 것이 많다고 느꼈다. 그는 치열한 경쟁과 약간의 분노를 가지고 인생을 헤쳐 나갔다. "난 언제나 싸울 준비가 되어 있었습니다." 최고가 되기로 결심했고 절대 포기할 수 없었어요. 포기하면 할아버지를 뵐 면목이 없어지니까요." 존이 기억을 더듬으며 말했다.

고등학교를 졸업한 후에 존은 평생 한번 뽑은 제비에 당첨되었다. 그것은 징용 제비였다. 피할 수 없는 일이었다. 존은 낙하산병으로 입대해서 베트남의 햄버거 힐 전투에서 싸웠다. 그 전투는 베트남전에서도 최악의 유혈 전투로 손꼽히는 것이다.

이때가 존에게는 위기의 시기였다. 존은 공포에 질린 채 귀국했다. 끔찍한 기억을 잊기 위해 진정제를 먹었다가 더욱 황홀한 기분을 느끼기 위해 각성제를 삼켰다.

하루는 캘리포니아 몬테리의 해변가에서 술을 마시다가 갑자기 바다로 뛰어들었다. 잠이 스르르 오는 찰나에 웬 여자가 덜미를 잡는 바람에 정신이 번쩍 들었다. 그녀가 바로 마리아였다.

마리아의 도움으로 존은 자기 연민을 극복할 수 있었다. 그는 대학을 졸업하고 경영학 석사 학위를 땄다. "제겐 한 가지 문제가 있었습니다. 투신할 사업이 없다는 것이었죠." 그 무렵의 고민을 존은 이렇게 털어놨다.

그때 존과 마리아는 암웨이 플랜을 소개받았다. 처음엔 회의적이었다. 존은 그때의 일을 이렇게 떠올렸다. "이해할 수 없었습니다. 믿기지도 않았구요. 소개한 사람 얼굴을 봐서 물건 몇 개를 사주겠다고 했습니다. 그러면 끝이겠지라고 생각했어요."라고.

마리아는 겁을 집어먹었다. "제겐 너무 어려웠습니다. 제가 할 수 없을 것 같았어요. 그래서 빠져 나갈 온갖 변명을 늘어놓았지요."

그러나 결국 그들은 암웨이 일을 시도했다. 전력을 다한 결과 13개월 후에 펄 DD, 그 뒤 6개월 후에 에메랄드 DD가 되었다. 현재, 마리아는 자신들의 놀라운 성과에 대해 자랑스럽게 말한다. "우리 부부는 세상 끝과 끝에서 온 사람들이고 배경도 완전히 다릅니다. 그러나 다이아몬드 DD가 되었습니다. 자신감도 얻었습니다. 전세계에 친구도 생겼습니다. 그 어떤 것과도 내 인생을 맞바꾸지 않을 것입니다."

존도, 암웨이가 내면의 갈등을 극복하도록 도왔다는 것을 믿어의심치 않는다.

베트남 경험에서 얻은 상처를 떠올리며 존이 말했다. "그 미친 전쟁에서 나마저 미쳐 버리지 않기 위해 뭔가를 생각해야 했습니다."

그는 자기처럼 지옥을 경험한 참전 용사에게 암웨이를 권한다. "고통의 기억 속에서 허우적대는 것보다 긍정적인 방법으로 사회에 다시 복귀하는 것이 좋습니다."라고 말하면서.

존이 베트남에서 겪은 고통 때문에 처음엔 내가 최근에 베트남을 다녀왔다는 말을 하기가 꺼려졌다.

게다가 베트남 사업 기회에 관해 긍정적인 책도 썼다는 이야기는 더욱 그랬다.

존은 전후 베트남을 방문하는 것이 감정적으로 힘들 것이라고 했지만 베트남에서의 암웨이 가능성에 대해 적극적인 관심을 보였다. 함께 베트남에 가면 영광이겠다고 나는 말했다.

암웨이가 헤렌씨 부부에게 안겨다 준 가장 값진 보상은, 존이 한 번도 만난 적이 없었던 아버지와의 상봉이었다. "꽤 큰 집회에서 제가 연설하기로 되어 있었는데 제 아버지가 그걸 알게 되어 참석하셨습니다. 제가 생후 18개월 때 떠난 분이었지요. 우린 서로 48년 만에 만난 것입니다. 우리는 새로운 관계를 시작했어요. 모두 암웨이 덕분이지요."

중퇴생의 꿈

몬 트리올의 앙드레 블랑샤드에게 그런 일은 일어나지 않을 것
이다. 그는 자신이 살아온 이야기를 담담히 들려주었다. "아
버지는 병으로 35세에 불치병 환자가 되어 몸져누웠습니다." 그러
다가 아버지는 10년 뒤에 돌아가셨는데 우리 어머니에게 남은 것이
라곤 빈 몸뚱이와 보채는 다섯 아이뿐이었죠. 땡전 한푼도 없이.
보험금은커녕 빚만 잔뜩 진 상태였습니다." 그때 나는 12살이었는
데 학교를 그만두고 돈을 벌어야 했습니다. 나는 혼자 다짐했지요.
어른이 되면 절대 내 가족을 고생시키지 않겠다고 말입니다."

실천은 말보다 어려운 법! 1967년에 앙드레는 식료품점 체인에서
관리인으로 일하며 주급 70달러를 벌었다. "이력서에 쓸 수 있는
학력이라곤 초등학교 7학년 중퇴뿐이었습니다. 내가 할 수 있는 말
은 프랑스어뿐이었어요." 앙드레와 아내 프랑스와즈가 처음 암웨이
플랜에 관해 들었을 때 앙드레는 좀더 자세히 알기를 원했다.

프랑스와즈는 달랐다. 앙드레는 아내를 겨우 설득해서 함께 암웨
이 미팅 장소에 갔다. "차를 타고 가는 내내 침묵을 지켰습니다. 그
녀가 날 따라간 이유는 단 한가지, 날 보호하려는 것이었습니다.
미팅 장소에 도착해서 뉴욕 번호판을 단 검은색 캐딜락이 우리가

가던 집앞에 주차된 것을 보았을 때 그녀는 더 예민해졌습니다."
아내의 끈질긴 불신은 앙드레에게도 전염이 되었다. 집안에 들어가
면서 "'우리가 속아서 이제 사기꾼의 덫에 걸리는 거구나' 하고 생
각했습니다." 앙드레는 이렇게 말하며 미소를 지어 보였다.

그러나 한 열정적인 프랑스계 미국인이 주도했던 그 미팅은 그를
180도 돌려놓았다. "저는 그때 주체할 수 없을 정도로 흥분이 되었
습니다."

처음엔 모든 게 더디게 진전되었다. 프랑스와즈는 아직 암웨이에
참여하지 않은 상태였다. 앙드레더러 암웨이를 그만두라고 잔소리
했다. 앙드레는 40명을 모아 놓고 디스트리뷰터로 가입하라고 처음
으로 플랜을 소개했다. 모두들 그냥 자리를 떠났다. 마지막으로 떠
난 사람이 그에게 말했다. "앙드레, 자넨 이 일을 잘할 거야."

그는 단념하지 않았다. 그 후 몇 달 이내에 그는 다니던 직장에서
보다 암웨이로부터 벌어들이는 수입이 더 많아졌다. 그제서야 프랑
스와즈의 마음도 돌아섰다.

어느 날 인생의 전환기가 왔다. 미시건주에서 열리는 다이렉트
디스트리뷰터의 세미나에 참석하기 위해 앙드레가 사장에게 휴가를
달라고 요청했을 때였다. 사장은 일언지하에 거절했다. 그리고 앙

드레는 두말 않고 그 직장을 그만두었다. 그 후 16개월 만에 앙드레는 프랑스와즈의 도움을 받아서 다이아몬드 DD가 되었다.

초등학교 7학년 중퇴의 학력을 가진 앙드레와, 끊임없이 내면의 갈등을 겪던 프랑스와즈가 암웨이를 억척스럽게 일구고 있다. 퀘벡에서는 절대 통하지 않을 거라고 다들 장담하던 바로 그 사업을. 이들은 세계적으로 가장 성공한 암웨이 디스트리뷰터로, 그리고 캐나다에서도 가장 성공한 사업가로 손꼽힌다. 이 부부의 네 자녀 모두가 부모의 뒤를 잇고 있다. 이 가족의 사업은 현재 15개국 이상에서 이루어지고 있으며, 10만 명이 넘는 디스트리뷰터 조직을 가지고 있다.

고교 중퇴생이 선생님으로 존경받는 것은 암웨이에서만 가능한 일이다. 암웨이에는 타인의 자립과 성공을 돕는 데 필요한 도구와 기술을 제공하는 선생님이 있다.

암웨이와 기타 활동에 관한 책을 출판한 앙드레는 자신이 역경을 극복할 수 있도록 도와 준 암웨이의 복음을 전파했다.

네트워크 마케팅에 관해 그는 이렇게 썼다.

• 자신의 사업을 한다.

- 당신이 사장이다.

- 자신의 스케줄을 짠다.

- 활동 범위는 무제한적이다.

- 원하는 곳에 살면서 스폰서링한다.

- 직원이 따로 필요없다.

- 같이 사업을 하고 싶은 사람을 선택한다.

- 사무실을 호사스럽게 꾸밀 필요가 없다.

- 세금 혜택을 받는다.

- 스스로 리더다운 개인 기술을 개발한다.

- 자기 사업을 성장시킨 후 법적 후계자에게 물려줄 수 있다.

- 고품질 제품과 서비스를 유통시킨다.

   암웨이에서는 자신의 출신이나 학력이 꿈의 실현을 가로막지 못
한다. 앙드레와 프랑스와즈가 그것을 증명하였다.

오만과 편견

루스 할시는 집의 방 칸수로 성공을 측정했다. 그녀와 남편 조지는 이동식 주택에서 신혼 살림을 시작했다. 두 사람은 부

지런히 일해서 방 다섯 개 짜리 집 그 다음에는 일곱 개짜리 집을, 그리고 마침내 14개짜리 꿈의 집을 장만했다. 하지만 방 개수가 늘어 갈수록 할시부부의 빚도 늘어만 갔다. "돈이 있는 척 행동했죠." 루스의 말이다.

그녀는 성공하겠다는 강렬한 욕망을 가지고 있었다. 일곱 아이 중 셋째로 태어나 노스 캐롤라이나주 그린스보로의 흑인가정에서 자라난 루스는 "모든 일에서 최고가 되고 싶었어요. 가진 거라곤 없었지만 아주 큰 포부를 가지고 있었어요."라고 털어놓았다.

조지는 노스 캐롤라이나주 월밍톤시에 있는 '게토'라는 흑인 빈민가에서 성장했다. 그는 처음부터 빈민가에서 탈출하기로 마음먹었다. 마침내 노스 캐롤라이나 주립대학에 들어가긴 했지만 흑인에게는 기회에 한계가 있다는 사실을 깨달았다. 그는 매트리스 공장과 파자마 공장을 전전했다. 어느 보험회사에선 바닥청소를 했고 순찰 구역을 도는 경비원 노릇도 했다.

루스와 결혼 생활을 시작하면서 조지는 한 보험회사에서 클레임 중재자 일을 시작했고 6년 간 그 일을 계속했다. 루스는 학교에서 아이들을 가르쳤다. 그들의 집은 점점 커졌지만 빚도 늘어만 갔다.

어느 날, 조지의 한 직장 동료가 암웨이에 관해 이야기했다. 그러자 모든 사람이 암웨이를 경계하라고 말렸다. 루스의 반응도 부정적이었다. 그러나 그들의 꿈을 감당하기엔 돈이 너무 궁했다. 〈리더스 다이제스트〉 콘테스트에 당첨될 희박한 가능성을 제외하고는.

그들이 암웨이 미팅에 나갔을 때, 단상에 흑인이 한 명도 없다는 것을 루스는 발견했다. 흑인이건 백인이건 조지의 친구들은 "흑인은 암웨이에서 성공할 수 없어."라고 말했다. 조지는 그 말이 틀렸다는 것을 증명하기로 굳은 마음을 먹었다.

그때의 심정을 조지는 이렇게 얘기했다. "반드시 성공해야 했습니다. 다른 선택의 여지가 없었어요. 꼭 해내야 했지요. 내가 성공할 수 있다는 것을 그들이 깨닫도록 해주고 싶었죠. 그들은 처음엔 나를 비웃더군요. 하지만 그들은 이젠 더 이상 나를 비웃지 않습니다."

절대 비웃지 못한다. 1975년 이후 지금까지 할시 부부는 사업을 성장시켜서 트리플 다이아몬드 DD가 되었다. 현재 루스는 방이 더 많은 집에서 살고 있다.

"이젠 디스트리뷰터의 방, 제품의 방, 그리고 사무실도 있습니다." 루스는 말한다. "게다가 풀타임 남편도 얻었습니다. 모든 게 계속해서 일어나고 있습니다. 암웨이는 아주 많은 것을 가져다주었어요. 그리하여 여기까지 온 거죠."

고난 끝에 성취한 다이아몬드 핀

멕시코 이민 2세인 프랭크 모렐즈는 네브라스카의 한 사탕무 농장에서 태어났다. 형과 누나는 병으로 어릴 적에 죽었다. 캔사스주 캔사스시에서 수돗물도 안 나오는 가난한 멕시코인 동네의 방 세 칸짜리 집에서 자라난 프랭크의 어린 시절은 온통 가난, 편견, 그리고 인종 차별 등으로 얼룩졌다.

프랭크가 백인 고등학교에 입학했을 때 당장 인종적 편견에 시달려야 했다. 그것도 선생님으로부터! "첫날 그 여선생님이 제게 말했습니다. '너 같은 멕시코인은 건너 동네에 있는 깜둥이 학교에나 가거라!' 라구요."

학기초에는 주먹싸움을 밥 먹듯 했다. 급기야는 14살에 구치소에 갇히게 되었다. 졸지에 문제아로 낙인찍힌 프랭크는 정신차려야겠다고 결심했다. 그는 공부와 운동을 열심히 하기 시작했다. 자신의 장애를 극복할 수 있는 기술을 개발하기 시작했다. 그는 멕시코인의 출입이 제한되는 식당과 나이트클럽의 지배인과 친해져서 출입할 수 있게 되었다. 그는 가난과 편견이 자신을 무너뜨리도록 놔두지 않았다.

"이제 만족하느냐고 어머니가 물었습니다. 전 '아니오' 라고 대답

했지요. 그 무렵 저는 가진 자와 못가진 자 간의 차이에 대해 이제
막 눈뜨기 시작했으니까요."

어느 날 프랭크 가족은 졸지에 모든 것을 잃었다. 수마가 그들의
작은 집을 쓸어 가 버린 것이다. 미주리주 캔사스시로 이사한 후에
프랭크는 친구들과 이벤트 사업을 시작했다. 밴드를 조직해서 결혼
식이나 파티장에서 연주해 주고 수고비를 받았다. 얼마 후 다른 밴
드를 예약해야 할 지경이었다. 어느 날 한 행사장에서 고교 여자
친구를 만났다. 그녀가 바로, 나중에 아내가 된 바바라였다.

데이터 프로세싱이라는 새로운 분야에서 일할 기회가 생겼을 때
프랭크는 주저하지 않고 일을 시작했다. 바바라는 은행에서 근무했
다. 젊은 부부는 성공을 향해 질주했다. 그러던 중 캘리포니아로
이주했다.

마침내 프랭크는 자신을 옭아매던 덫에서 자유가 된 느낌이었다.
어린 시절의 가난에서 벗어나 편견을 당당히 극복하고 마침내 '포
천 500' (〈포천〉지가 매년 선정하는 미국 내 5백대 대기업 : 옮긴이)
에 속하는 기업에서 간부직까지 올랐던 것이다. 바바라도 승진을
거듭하여 은행에서 관리직까지 올랐다. 또 하나의 아메리칸 드림이
실현된 것이다.

하지만 충분치 않았다. 뭔가 빠진 느낌이었다. 27년 간 한 회사에서 열심히 일했지만 저축한 돈은 고작 2천 달러뿐이라는 사실을 깨닫고 프랭크는 경악했다. 바바라는 결혼이 파탄날까 봐 걱정했다. "네 아이가 다 성장하면 결국 이혼하게 될까 봐 겁이 났어요." 그녀는 말했다.

두 사람은 그 즈음에 암웨이를 소개받았다. 성공할 수 있다는 자신감에 가득 찬 그들은 시도해 보기로 결심했다. "기록을 깨야지. 3일 만에 다이아몬드 DD가 되겠어." 그들은 거창한 계획도 세웠다.

3일 만에 해내진 못했지만 결국 다이아몬드 DD가 되었다. 성공과 행복을 이룬 프랭크와 바바라는 암웨이를 통해 자신들이 남에게 준 성공과 행복에 대해 만족하고 있다. 프랭크는 말했다. "판매회사라고 생각하겠지만 사실 암웨이는 사람을 위한 회사입니다. 개인의 꿈을 실현하도록 돕는 것이 회사 목표이지요."

만인을 위한 회사

- 미시건주에 사는 레슬리 램베스와 그의 아내 마이라는 청각장애인이다. 가족과 업라인의 도움을 받아 플랜을 소개하고 있다. 암웨이에서 성공한 부부 중 하나다.

- 워싱턴에 사는 딕 오싱거는 맹인이다. 아내 디의 도움을 받아 암웨이에서 성공하였다.
- 오클라호마에 사는 P.J.캐리는 일흔여섯 살의 할머니이다. 일흔네 살이라는 원숙한 나이에 암웨이 사업을 시작하여 성공을 거두었다.
- 인터넷의 한 대화방에는 이런 메시지가 올려졌다. "나는 플로리다의 디스트리뷰터이다. 25년째 하반신을 쓰지 못하는 처지였는데 암웨이 덕택에 멋진 기회를 얻은 사람이다. 18살 때 오토바이 사고를 당해서 척추가 절단되었다. 내가 성공했으니 누구나 암웨이에서 해낼 수 있을 것이다."

경제에 찬바람이 불고 등뒤로 인정사정없이 문이 닫히는 오늘날, 암웨이는 그 문을 활짝 열어 보이고 있다. "이력서를 봅시다."가 아니라 "어떻게 회사에 기여하겠는가?"라고 묻는 회사가 바로 암웨이이다. 암웨이는 사람의 능력을 개발해 내고, 스스로 정한 한계를 극복하지 못한 데 대한 변명을 듣지 않는다.

자기 극복의 정신은 〈정신의 힘(Playing from the Heart)〉의 저자인 로저 크로포드에게서 두드러진다. 눈에 띄는 심한 기형을 가지고 태어났고 수족이 불편했지만 자신과의 싸움에서 이겨서 마침내 테니스 프로 선수가 된 로저는 자주 이렇게 말한다. "나의 장애는 눈에 보이지만 여러분의 장애는 눈에 안 보입니다. 그 차이뿐입니다."

　신체적 장애, 편견, 가난, 짧은 학력, 그리고 기타 성공의 장애물을 안고 사는 사람들은 암웨이에서 마음의 고향을 찾는다. 당신과 나 같은 보통 사람도 할 수 있다. 우리 모두는 자신이 정한 한계 속에서 살아가지만 다른 한편으로는 그것을 부수고 탈출하길 갈망한다. 암웨이의 기회는 아무리 어두운 곳에라도 희망의 빛을 비춘다. 그것이 암웨이와 그 구성원의 성격이다.

제6장
성공의 의미

자유로운 삶을 찾아서
말더듬 증세를 고쳐 준 암웨이
'내 목표는 남을 돕는 것'
진정한 자유의 의미
세상에서 가장 창조적인 사업
셋방살이에서 백만장자가 되다
신나는 삶의 주역들
성공의 원동력은 자신의 마음
암웨이의 수입
꿈이 있는 사람은 성공한다
더 나은 삶을 추구하는 사람들

제6장

성공의 의미

성공이란 가치 있는 꿈의 점진적 실현이다.

-덱스터 야거

자유로운 삶을 찾아서

브루스 카네기는 하는 일마다 성공했다. 게다가 그는 안 해 본 일이 거의 없다.

암웨이 다이렉트 디스트리뷰터인 브루스는 25년 동안 남부 캘리포니아의 한 고등학교에서 미술 선생님이었다. 중국무술 사범이기도 해서 야간에 학생을 지도했고 비버리힐스 경찰에게 무술 테크닉을 지도했다. 그는 전문 스키 선수이기도 했고 하이킹에서 기록을 세운 사람이었다. 하이킹을 지도한 적도 있다. 브루스에게나 그의 아내에게나 아주 충만하고 분주하며, 그리고 자신만만한 삶이었다. 부인 낸시도 역시 교편을 잡고 있었다.

그런 그들이 무엇 때문에 시간을 쪼개서 암웨이를 시작했을까? "가르치는 일을 높은 수준으로 끌어올리고 싶었어요." 브루스는 말한다. "가르치는 것은 제 천직입니다. 그게 이 사업에서 제가 하는 일이죠."

그는 매우 잘 해냈다! 브루스는 지난 25년 간 교직에 있으면서 번 돈보다 많은 돈을 암웨이에서 벌었다. 그 결과 낸시는 풀타임으로 암웨이와 자녀들을 위해 일할 수 있게 되었다.

그는 경찰을 존경하긴 했지만 "온통 욕으로 가득찬 생활보다는 긍정적인 환경을 찾는 것이 좋아요."라고 말한다.

브루스는 암웨이 일을 할 시간이 없다고 말하는 사람에 대해서 인내심을 잃는다. "난 낮에는 고등학교에서 미술을 지도하고 밤에는 무술을 가르치지만 암웨이 플랜을 소개하기로 한 약속은 무슨 일이 있어도 지킨다." 라고 그는 말한다.

카네기 부부는 조상에게 부끄럽지 않게 산다는 점에서 자부심을 느낀다. 브루스는 일본계 미국인이고 그의 조부모는 1904년에 샌프란시스코에 도착한 후 리틀 도쿄라고 알려진 로스앤젤레스에서 가족사업에 성공했다.

낸시는 메이플라워호(1620년 영국에서 신대륙으로 타고 간 배 이름·옮긴이) 선장의 후손이다. "우리 두 사람의 조상은 같은 이유를 가지고 미국에 왔다. 자유와 자유 기업을 위해서 온 것이다." 브루스는 말한다. "단지 다른 시기에 다른 세계에서 왔을 뿐이다."

카네기 부부의 성공담은 암웨이에 자주 제기되는 질문의 해답이 될 수 있다. 암웨이 사업에서 진정한 성공의 의미는 무엇인가?

암웨이를 비난하는 일부 비평가들은 성공의 의미를 협의의 피상적인 개념으로 정의 내린다. 그들은 묻는다. 얼마나 많은 사람들이 실제로 성공했나? 평균적인 보통 사람이 성공할 수 있다고 말할 수 있는가? 그들은 이런 식으로 암웨이의 신빙성을 공격한다. 비평의 레파토리는 이러하다.

1. 엄청난 부와 여가 시간이 생긴다는 달콤한 말에 속아서 디스트리뷰터로 가입한다.

2. 실제로 그런 성공을 거둔 사람은 거의 없다.

3. 그러므로 대부분의 사람은 사업에 실패한다. 따라서 암웨이는 사기이다.

너무 심한 말이라고? 물론이다. 하나같이 무지와 편견에서 나오는 의심이다. 그러나 이런 말, 아니 더 심한 말을 한 번도 듣지 않고 성공하는 암웨이 디스트리뷰터는 없다.

브루스와 낸시가 크라운 DD가 되어 인센티브를 받을 날을 고대할까? 물론 그럴 것이다. 그러나 이것만이 성공을 의미하진 않는다. 설사 암웨이 사업에서 한푼도 벌지 못하더라도, 브루스와 낸시는 중요한 것을 얻었노라고 말할 것이다.

- 경찰의 거친 세계보다 긍정적인 환경을 암웨이가 제공해 주었다고 브루스는 믿는다.
- 이 부부는 진정한 천직을 찾았다. 즉, 가르쳐서 남을 돕는 일이다.
- 카네기 부부는 카드 빚이라는 무거운 짐을 벗어 버릴 수 있었다.
- 낸시는 아이들과 더 많은 시간을 보낼 수 있게 되었다.
- 모든 것을 버리고 일본을 떠나 자유 기업의 꿈을 안고 이민 온 조부모에게 떳떳하다.

카네기 부부는 암웨이에서 큰돈을 벌진 못했지만 여러 면에서 풍요로워졌다. 이보다 더 값진 성공이 있을까?

말더듬 증세를 고쳐 준 암웨이

크라운 앰배서더인 댄 윌리엄즈는 재정적 자립을 이룬 대표적인 사람이다.

그는 암웨이에서 금방 성공했다.

고희의 나이가 되어도 일을 그만두거나 늦추지 않았다. 암웨이 성공에 관해 이야기할 때마다 그는 돈이 아니라 5살 때부터 생긴 말더듬 증세를 이야기한다.

온갖 놀림과 굴욕에도 불구하고, 댄은 적극적으로 인생을 살았다. 해군 대위로 복역했고 다우 화학회사에서 중역을 지냈다. 그는 남들 앞에서 아내 버니와 자신을 소개하는 것을 가장 싫어했다.

"D와 B 발음이 가장 힘들었어요. 정말 창피스러웠어요."

피나는 노력의 결과 약간 더듬는 흔적만 남아 있을 뿐이다. 댄은 이것이 암웨이 덕택이라고 한다. 암웨이에 정력을 쏟자 말더듬이 증세가 몰라보게 고쳐졌다.

"나 자신이 아닌 남에게 정신을 쏟으니까 나아지더군요."

'내 목표는 남을 돕는 것'

사람의 꿈은 각양각색이다. 성공의 의미도 마찬가지다. 댄 윌리엄즈에게는 남 앞에서 두려움 없이 아내를 소개할 수 있게 된 것이 큰 결실이었지만, 미시건주의 다이아몬드 DD인 헨리 젬파는 30피트짜리. 범선을 원했다. 그것이 그녀의 꿈이었다.

"캐롤과 내가 막 암웨이 사업을 시작했을 때 유일한 목표는 배를 갖는 것이었어요." 헨리는 말했다. "석달 만에 배를 몰 수 있었어요!" 임무가 완수된 것이다. 암웨이는 젬파 부부가 원한 것을 정확히 가져다 주었다. 그들은 이렇게 얘기한다.

"이젠 배가 없어요" 헨리는 말했다. "목표가 바뀌었거든요. 내 현재 목표는 남을 돕는 거예요. 항해할 때보다 더 큰 만족을 얻을 수 있어요. 암웨이에서 성장하려면 개인적으로 성숙해야 합니다. 돈 버는 방법이야 무수히 많지요. 하지만 생활 방식을 발전시키고 세계에서 친구를 사귈 수 있는 길은 암웨이뿐입니다."

캘리포니아의 다이아몬드 DD인 칼라 윌슨은 과거엔 생각의 시야가 좁았다고 말한다. "직장 생활을 하기 싫었어요. 제 꿈은 결혼해서 가정을 꾸미고 집에 남아 있는 것이었어요."

그 꿈은 아직도 칼라의 생활의 중심이다. 그러나 더 이상 시야가 좁지 않다.

"암웨이를 통해 인생에서 원하는 것은 무엇이든 이룰 수 있어요. 돈이 가장 중요한 것은 아니지요."

진정한 자유의 의미

칼라의 남편 마이크는 상당한 성공과 인기를 누렸지만, 그에게 부족했던 것은 삶의 의미와 방향이었다. 마이크는 순탄하게 성장했다. "전 전형적인 미국 어린이였어요." 하지만 마이크가 대학에 갓 들어갔을 때 그만 정체성을 상실하고 방향을 잃고 말았다. "인생이 추락하는 느낌이었어요. 인생에서 해볼 가치가 있는 일을 찾았어요."

"하나만은 확실했어요. 인생은 이틀 놀려고 5일을 일하는 것 이상의 의미가 있다는 것이죠."

마이크는 세계적인 프로 테니스 선수가 되어 국제 경기에 출전하였고 은퇴 후엔 남부 캘리포니아에 있는 여러 호화로운 컨트리 클럽에서 테니스를 가르쳤다. 마침내 천직을 찾았다고 생각했다. 하지만 아침 7시부터 밤 10시까지 가르쳐야 하는 고단한 생활 때문에 칼라와의 사이도 벌어졌다. 성공과 목표를 이루었건만 마이크는 근본적으로 불행했다. '거의 자살할 지경'이었다. 변화를 모색하기 시작했다.

처음 암웨이 플랜을 접했을 때 그는 썩 끌리지 않았다. 하지만 그는 성공하는 자가 되기로 마음먹었고, 그는 마침내 자신이 원하는 것을 이루었다.

물질적 성공은 환영할 만한 것이었지만, 마이크와 칼라의 인생에 암웨이가 가져다 준 것 중 가장 소중한 것은 비단 물질뿐만이 아니다. "상당한 물질적 보상을 받았어요." 마이크가 말한다. "그러나 내 인생의 주인이 된 자유는 매우 특별하고 값으로도 매길 수 없는 것이에요."

세상에서 가장 창조적인 사업

관중의 뜨거운 환호를 받는 인기스타 운동선수에게는 무엇이 성공일까? 전직 NFL 선수이자 현재 트리플 다이아몬드인 팀 폴리는 돈 슐라 코치 밑에서 마이애미 돌핀스 선수로서 11시즌에 출전했다.

역사적인 백전 백승의 시즌 후 1973년 슈퍼볼을 승리한 돌핀스 팀에서 팀이 뛰었다. 전성기가 영원하지 않으리라는 것을 팀은 잘 알고 있었다. "인기가 일시적이라는 것을 증명하는 데 로케트 과학자는 필요 없잖아요." 그가 말했다. "65세가 될 때까지 돌핀스에서 뛰리라곤 기대도 안 했어요." 팀과 그의 아내 코니는 귀에서 쟁쟁하던 팬의 환호가 그쳤을 때, 흥미로운 도전일 뿐만 아니라 재정적 보장이 될 만한 여러 사업을 시작했다. 그러나 하나도 성공하지 못했다.

팀은 어렸을 적에 일리노이주 스코키시에서 여름과 주말마다 그의 아버지가 운영하던 작은 유원지를 떠올렸다. "아버지는 독립심이 강한 분이셨어요. 할아버지와 증조부처럼 아버지도 사업가적 기질을 이어받으셨어요. 스스로 벌어먹고 살아야 했죠. 그것이 아버지 집안의 전통이었어요."

팀은 그 유원지에서 전통을 고수했다. 어린 나이에 음료수, 장난감, 그리고 액세서리를 손님에게 팔았다. 사장인 아버지가 궂은 일을 마다하지 않으셨던 것을 팀은 생생하게 기억한다. "아버지는 손님을 실망시키고 싶지 않았던 겁니다."

화려한 인기선수의 시절이 가고 난 후, 팀은 아내 코니와 인생에서 성공의 의미를 다시 찾기로 했다. 현재 그들은 암웨이에서 아주 성공한 커플이다.

셋방살이에서 백만장자가 되다

19 60년대말에 노스 캐롤라이나주 토마스빌시에 살고 있던 할구치와 아내 수잔은 명성따위는 아예 꿈도 꾸지 않았다. 당장 밀린 청구서값을 어떻게 치를 것인지 그리고 월 55달러짜리 월세집을 벗어날 궁리를 하느라 바빴다.

할은 아버지의 작은 가구 공장에서 일했고 수잔은 컴퓨터 오퍼레이터로 일했다.

그 작은 마을의 대부분의 가구는 핀치가(家)가 운영하는 토마스빌 가구 회사에 다니며 생계를 꾸려갔다.

핀치가(家)의 가족들은 거대한 저택에 살고 있었는데, 구치 부부는 그 저택까지 차를 몰고 가서 큰 떡갈나무 아래에 나란히 서서 자신들도 그런 집에서 살 수 있는 날을 꿈꾸곤 했다. 여러 해 동안 허리가 부러질 정도로 일하며 살면서, 그 저택은 이미 단순한 저택이 아니라 한 부부의 꿈이요 목표가 되었다.

할과 수잔은 현재 꿈을 이루었다. 그들은 암웨이 사업을 성공적으로 이루어 더블 다이아몬드 DD 단계까지 올랐다. 그들의 사업은 50개 주와 50개 국에서 이루어지고 있다. 그리고 물론 아름다운 집에서 살고 있다.

신나는 삶의 주역들

조지아의 빌 플로렌스와 아내 페기가 암웨이 사업을 시작했을 당시에 그들의 꿈은 아주 소박했다. 빌이 공군 조종사로 일했지만 봉급이 충분치 않았기 때문에 페기가 교사 일을 하지 않으면 안 되었다.

페기가 직장을 그만두고 아이를 낳으려면 그만큼의 수입이 보장되어야 했다. 그것이 그들의 꿈이었다.

현재 수석 다이아몬드 DD가 된 플로렌스 부부는 애초에 세웠던 목표를 훨씬 넘어서는 물질적 안정을 얻었다. 그러나 그것만으로 성공했다고 하진 않는다.

빌은 말한다. "물론 여행도 즐겁고 자가용 비행기가 생겨서 기뻐요. 하지만 암웨이의 위대함은 보이지 않는 데 있어요. 덱스터 야거와 다른 다이아몬드 DD의 곁에 있을 수 있는 것이죠. 그들의 지혜는 억만금을 줘도 살 수 없을 거예요. 아 참, 우리 아이들의 풀타임 부모가 될 자유와 기회도 더없이 소중한 것입니다."

페기 플로렌스는 자신의 성공을 이렇게 표현한다. "세상에서 가장 혁신적이고, 창조적이고, 자유를 사랑하는 그룹의 일원이 되어 얼마나 신이 나는지 몰라요."

성공의 원동력은 자신의 마음

수석 다이아몬드 DD인 빌 칠더스는 암웨이 사업에서의 성공 의미를 연구한 사람이다. 여러 직업을 전전하다가 철강업에서도 확고한 지위에 올랐던 그는 이미 성공한 전문가였다. 그러나 그것으로 충분치 않았다. 1973년에 그는 암웨이 사업을 시작했다. "재정적 독립을 이루려면 개인 사업을 운영해야 한다는 것을 깨달았어요." 빌은 회상한다. 현재 빌의 '칠더스 엔터프라이즈' (Childers Enterprise)가 전세계에서 활동하고 있다. 막 사업을 시작할 때 느끼는 감정을 그는 결코 잊지 못한다. 그 모든 의문, 그 모든 회의, 그 모든 꿈들을.

빌은 회상한다. "첫 암웨이 미팅에 나갔던 주말엔 너무나 많은 일이 일어나 의욕이 솟구쳤어요. 인생을 바꾸기로 결심했어요. 그날의 휴식시간을 평생 잊지 못할 겁니다. 난 모텔 풀장 옆에 앉아서 미래에 관해 꿈꾸었어요. 문득 나의 다운라인 1백 명이 한 자리에 모인다면 어떤 기분일까 하고 생각했어요. 우리 조직이 달성한 성공을 지켜보고 있노라면 믿을 수 없을 정도예요."

네트워크 마케팅의 기회가 이제 포화상태라고 생각하는 사람들에게 빌은 이렇게 조언한다. "내가 암웨이 사업을 시작한 1973년보다 기회가 무궁무진해요. 신제품이 매일같이 쏟아져 나오고 신용은 탄탄하고 손끝으로 첨단 기술을 활용할 수 있잖아요. 성공하는 데 가장 중요한 건 마음입니다."

용광로와 같은 기업

성공이란 어떤 사람에겐 백만장자가 되는 것이고, 다른 사람에게는 빚을 갚거나 차, 보트, 집을 살 만큼 충분한 부수입을 버는 것이다. 아니면 너무 많은 아이들이 방치되어 위험에 노출되는 요즘 시대에, 배우자가 집에 남아서 아이들과 시간을 보내도록 하는 것이 꿈일 수도 있다.

어떤 이는 새 친구를 사귀기 위해, 혹은 남이 성공하도록 도우려고, 또는 젊은이를 지도하려고 암웨이 사업을 시작한다.

어떤 이는 자립하려고, 팀에 참여하려고 암웨이 사업을 시작한다.

어떤 이는 삶의 질을 높이려고, 안전한 노후 보장을 위해 암웨이를 시작한다.

어떤 이는 이미 자기 분야에서 충분히 성공하고도 암웨이 사업을 시작한다.

어떤 이는 뭔가를 증명하려고 암웨이 사업을 시작한다. '난 해낼 수 있다'는 것을 증명하려고.

캘리포니아의 다이아몬드 DD인 제이 쿠시아는 암웨이를 '용광로 같은 회사, 엄청난 다양성을 가진 회사'라고 불렀다. 단순히 인종, 종교, 또는 민족만 말하는 것이 아니다. 개인의 꿈에 관한 것이다. 인생에서 성공의 의미는 저마다 다르다. 따라서 단순히 몇 명이 부자가 되었나로 암웨이를 평가 절하하려는 비평가는 암웨이의 핵심을 간과하는 것이다.

암웨이는 벼락부자가 된다는 헛된 약속을 하지 않는다. 오히려 훨씬 가치 있는 것을 약속한다. 바로 선택과 가능성의 인생을 약속한다.

암웨이의 수입

이제 돈에 관해 실질적으로 솔직하게 말해 보자. 암웨이에서 버는 부수입을 규모 있게 관리하기만 한다면, 훨씬 안정되고 윤택한 생활을 이룰 수 있다. 암웨이 사업으로 한 해 벌어들인 수입의 연간 은행 이자율이 6%라고 가정해보자(소득원에 상관없이 아래 계산법이 적용된다).

매년 3백 달러를 저축하면(매달 평균 25달러 저축)

• 5년 후에 1천 6백 91달러

• 10년 후에 3천 9백 54달러

• 15년 후에 6천 9백 83달러

• 20년후에 1만 1천 36달러

매년 9백 달러를 저축하면(매달 평균 75달러 저축)

• 5년 후에 5천 73달러

• 10년 후에 1만 5천 1백 9달러

• 15년 후에 2만 9백 48달러

• 20년 후에 3만 3천 1백 7달러

매년 1천 8백 달러를 저축하면(매달 평균 1백 50달러 저축)

• 5년 후에 1만 1백 47달러

• 10년 후에 3만 2백 18달러

• 15년 후에 4만 1천 8백 97달러

• 20년 후에 6만 6천 2백 14달러

매년 6천 달러를 저축하면(매달 평균 5백 달러 저축)

- 5년 후에 3만 3천 8백 23달러

- 10년 후에 10만 7백 26달러

- 15년 후에 13만 9천 6백 56달러

- 20년 후에 22만 7백 14달러

매년 1만 2천 달러를 저축하면(매달 평균 1천 달러 저축)

- 5년 후에 6만 7천 6백 45달러

- 10년 후에 20만 1천 4백 52달러

- 15년 후에 27만 9천 3백 12달러

- 20년 후에 44만 1천 4백 27달러

물론, 높은 상환율로 부수입을 저축하거나 투자하려면 월수입이 그만큼 많아야 한다. 예를 들면 8% 이자율로 매년 6천 달러를 저축하면

- 5년 후에 3만 5천 2백 달러

- 10년 후에 10만 7천 74달러

- 15년 후에 16만 2천 9백 13달러

- 20년 후에 27만 4천 5백 72달러

그리고 8%로 매년 1만 2천 달러를 저축할 수 있다면

- 5년 후에 7만 3백 99달러

- 10년 후에 21만 4천 1백 47달러

- 15년 후에 32만 5천 8백 25달러

- 20년 후에 54만 9천 1백 44달러

이런 식으로 하면 백만장자가 될 수 있다. 한달에 1천 2백 달러를 저축하면 12% 이자율로 계산했을 때 20년 후엔 1백 3만 7천 5백 55달러로 불어나게 된다.

그렇게 오래 기다릴 수 없다고? 4년 또는 6년 또는 8년간 대학에 다니기 위해 융자도 얻어 가며 공부도 했으니 30년, 40년, 또는 50년 동안 남을 위해 일할 기회를 거부하겠는가? 왜 이런 신중한 저축과 투자를 꺼리는가?

지금 당장 그 돈이 필요하다고? 그렇다면 복권을 사라. 행운이 있기를!

암웨이를 시작한다고 해서 오늘 당장 다니던 직장을 그만두고 일상의 틀을 벗어날 수는 없다. 그러나 암웨이에는 미래가 있다. 위에서 말한 금액으로 아래와 같은 꿈을 이룰 수 있다.

- 결혼 25주년을 기념하여 고대하던 여행을 떠날 수 있다.

- 65세가 아닌 60세에 은퇴할 수 있거나 은퇴하지 않아도 된다.
- 자녀가 원하는 대학에 보낼 수 있다.
- 해고되더라도 충분히 생활을 유지할 수 있다.
- 꿈에 그리던 새 집을 장만할 수 있다.
- 국영 양로원이 아닌 가정적 분위기의 레저월드 같은 곳에서 여생을 편히 보낼 수 있다.
- 유산을 자녀나 손자 혹은 손녀에게 물려준다.

꿈이 있는 사람은 성공한다

캘리포니아의 암웨이 수석 다이아몬드 DD인 글렌 베이커와 그의 아내 조야는 과거엔 꿈을 쉽게 이룰 수 있다고 생각했다. 그러나 수입보다 지출이 많았다. 그래서 풀타임으로 맞벌이를 했지만 불어나는 카드 청구서를 감당하기 힘들었다. 저축은 어림도 없었다.

"틀에 박힌 일을 꽤 잘했어요." 클렌은 자신의 보험 일에 관해 말했다. "내 꿈은, 매달 8천 달러의 청구비를 갚을 충분한 돈을 버는 것이었어요."

"1989년에 고교 시절 친구의 전화를 받았는데 그는 나에게 '눈이 번쩍 뜨이는' 것을 소개해 주겠다고 말했어요. 그게 바로 암웨이였어요."

글렌과 조야는 처음엔 관심없었다. 글렌은 말했다. "네 번이나 그의 권유를 물리쳤어요. 우린 알 만큼 다 안다고 생각했거든요."

현재 베이커씨 부부는 포기하지 않고 설득했던 그 친구에게 감사한다. 마침내 그들 부부가 암웨이에 뛰어들었을 때 그들은 다이아몬드 단계를 목표로 삼았다.

"월드 와이드 드림빌더에서 단계를 밟아 성공했어요." 글렌은 말했다. 현재 수석 다이아몬드 DD인 글렌과 조야는 풀타임으로 암웨이 일을 하고 있다. 그들은 빚으로부터의 쪼들림과 9시부터 5시까지의 틀에 박힌 근무로부터 자유로워졌다.

글렌은 말했다. "우린 꿈이 있었고 그 꿈을 이룰 만큼 의욕이 넘쳤어요. 남들이 거절하면 거절할수록 우린 더 강해졌어요. 열심히 일하면 성공은 따라오게 마련이라는 것을 믿었어요."

더 나은 삶을 추구하는 사람들

몇 년 전 박사논문을 준비하던 데이비드 존 해리스와 이야기를 나누면서, 리치 디보스와 제이 밴 앤델은 암웨이 디스트리뷰터들과 그들의 꿈에 관해 이야기하였다. 꿈은 저마다 달라도, 공통적 목표는 한 가지다. 생계를 해결하길 원하고, 더 나은 삶을 원하고, 자유와 여행을 원하고, 자녀를 돌보길 원한다고 리치는 말했다.

제이는 이렇게 말하였다. "공통 의지 중 몇 가지만 리치가 언급한 것입니다. 그것은 '보다 나은 삶'으로 요약됩니다. 각자에게 어떤 의미를 가지든지 간에 대부분의 사람들에게 그것은 현재보다 나은 생활을 의미한다. 무일푼인 자에게는 아주 약간을 의미할 수 있다. 어쨌든 모든 이들의 공통목표는 '보다 나은 삶'인 것입니다. 이것은 물질적이지만 그 이상의 의미가 있어요. 사람이 자발적으로 일하는 데는 욕망이 필요하지요. 욕망은 사업의 원동력이고 기업가를 탄생시키는 요소일지 모릅니다."

암웨이 디스트리뷰터들의 이야기 중에는 옛일을 떠올리게 하는 것도 있다. 텍사스의 크라운 앰배서더 DD인 제리 웨브와 그의 아내 셰린은 제리가 텍사스대학에서 박사과정을 밟고 있을 때 비참한 삶을 살았다. 학생부부 주택으로 개조된 육군 막사에서 살았는데 바퀴벌레들이 사방에 우글거렸다.

딸이 아파서 입원했다가 퇴원 수속을 밟기 위해 50달러를 빌려야 했다. 그들의 주식은 오로지 한 통에 18센트씩 하는 인스턴트 마카로니와 치즈였다. 일주일에 일곱 통씩 사 먹었던 것이다.

그 마카로니는 나도 잘 알고 있다. 내가 대학에 갓 입학했을 때 집이 파산했기 때문에 어느 학기에는 1주일에 7달러로 살아야 했던 적도 있다. 나도 웨브씨 부부처럼 인스턴트 마카로니와 치즈 봉지를 샀다. 차이가 있다면 그 당시에는 한 봉지에 25센트나 했다는 점이다. 나는 우유 대신 물을 마셨다.

제리는 말했다. "힘들었던 과거를 생각하면 현재에 더 감사할 수 있어요." 암웨이로 성공한 후 몇 년 동안 마카로니와 치즈 옆에는 가지도 않았다고 한다.

나도 그랬다. 물론 지금은 그걸 먹을 필요도 없지만. 그것이 내가 이룬 성공 중 하나다.

제 7 장
세계로

국경이 없는 비즈니스
암웨이는 국제적 가족
미국 제일의 수출회사
암웨이의 성공신화
세계로 진출하는 암웨이
굳게 닫힌 문 열기
유럽과 남미
언어의 장벽을 뛰어넘어
오! 캐나다
커지는 골칫거리

아시아, 그 거대한 시장
탁월한 네트워크 사업
수출 주력에서 소비 위주로
베트남에서의 사업 가능성
남성 위주에서 여성의 등장으로
암웨이의 대아시아 전략
일본 암웨이:장벽 무너뜨리기
일본에서 발견한 노다지
중국과 다른 아시아 미개척지
어린이에게 주는 선물

제7장

세 계 로

국경이 없는 비즈니스

하와이에 갈 만큼 운이 좋은 사람들은 대개 태양, 깨끗한 백사장 그리고 싱그러운 파도를 한껏 즐긴다. 그러나 다이아몬드 DD인 린다 어거스는 하와이까지 가서 우표 값을 걱정해야 했다.

그녀와 남편 폴은 얼마 전 수천 명의 다른 암웨이 디스트리뷰터와 함께 하와이에 방문하였는데, 일행 대부분이 인도네시아인이었다. 대부분 미국 여행은 난생 처음이었다.

허리띠를 졸라매고 저축해서 간 여행이었기 때문에 돈을 아껴야 했다. 인스턴트 국수를 배낭에 넣어 가서 밥값을 아끼는 사람도 있었다. 고향에 있을 가족이 얼마나 소식을 기다리는지 알았기 때문에 린다는 우편 엽서와 50센트 짜리 우표 6백 장을 사서 보내기로 했다. 아주 기발한 생각이었다. 그런데 그녀 일행이 보내려는 엽서 수를 모두 알아보니 무려 5천 장이나 되었다.

"돈이 별로 없었어요." 린다가 말했다. "하지만 고향의 가족에게 소식을 전하기 위해서 적은 돈이나마 우편 엽서와 우표를 사기로 했어요."

폴과 린다에겐 이것이 암웨이 덕분에 얻은 소중한 추억이었다. 이처럼 암웨이는 국적이나 문화를 초월하여 전세계로 확대된다.

폴과 린다는 노력하는 인도네시아인을 도울 이유가 있다. 왜냐하면 자신들이 다이아몬드 DD가 되는 과정도 길고 힘들었기 때문이다. 개척자는 원래 남보다 힘든 법이다.

폴과 린다는 호주에 살면서 암웨이를 처음 접했다. 폴의 고교 동창인 로버트가 그들을 스폰서링하였다. 처음에는 남들 앞에서 이야기할 때마다 린다의 얼굴이 굳어졌다. 하지만 "암웨이는 저를 조금씩 변화시켰어요. 이젠 사람들 앞에서 말하는 것이 즐거워요."라고 그녀가 말한다.

어거스 부부는 호주에서 실버 프로듀서가 되었다. 그들은 자신이 생겼다. 1992년 7월에 인도네시아 암웨이가 문을 열었을 때, 그들은 모든 사업을 청산하고 고국으로 돌아가 자기 암웨이 사업을 하면서 '네트워크 21' 조직의 일을 하기로 결심했다.

"쉬울 거라고 생각했는데 그게 아니었어요." 린다는 말한다. 인도네시아어로 된 교재가 부족했고, 현지 경찰과의 마찰 등 문제가 끊이지 않았다. "새 시장은 개척하기 쉽다고들 생각하지만, 문제점도 한둘이 아니예요. 다행히 우리의 꿈은 그 문제들을 극복할 만큼 강했죠."

린다의 아버지가 심장마비로 쓰러지는 바람에 그들의 꿈은 잠시 중단되었다. 의료보험이 안 되었기 때문에 두 달 간의 입원비로 저축이 바닥났다. 게다가 의사는 싱가포르나 호주에서 수술을 받지 않으면 아버지가 곧 돌아가실 거라고 진단했다.

린다는 제정신이 아니었다. 그녀와 폴은 돈을 구하러 이리 뛰고 저리 뛰었다. 그러는 동안 수술은 자꾸 지연되었다. 친척들은 돈을 빌려 주지 않았다. 처음엔 울화통이 치밀었지만, "그들 잘못이 아니야. 왜 우린 돈이 없는 거지? 이건 우리 잘못이야."라고 린다는 생각했다. 마침내 큰 빚을 내어 아버지를 싱가포르로 모셔 가서 수술을 받게 했지만 이미 때가 늦어 그만 돌아가셨다.

슬픔에 잠겨 있던 린다는 맹세했다. "다시는 이런 일이 우리 가족에게 일어나선 안돼." 그들 부부는 전력을 다해 인도네시아 암웨이를 성장시켰고 마침내 다이아몬드DD가 되었다. "일년 만에 빚을 청산했어요."

린다는 자신이 절실히 깨달은 것을 사람들에게 전한다. "간절히 필요해지기 전에 시작하세요."

린다는 성공해야 하는 이유를 설명했고, 폴은 성공 비결을 설명했다. "인도네시아 암웨이가 놀라운 속도로 성장하고 있는 까닭이 있습니다. 우리에겐 세계 최고의 업라인이 있기 때문입니다." 그는 인도네시아인 로버트 앙카사, 호주인 미치 살라와 그의 아내 데이르, 그리고 미국인 짐 도넌과 그의 아내 낸시에게 공을 돌렸다. 그들은 오늘날 전세계의 서포팅 시스템을 만든 장본인들이다.

암웨이는 국제적 가족

두 명의 네델란드계 미국인이 미시건주 에이다시의 한 지하실에서 다이렉트 셀링업을 시작하였다. 그로부터 십년 뒤에 캘리포니아의 한 부부가 서포팅 시스템을 조직했다. 그 서포팅 시스템은 태평양을 건너가 호주의 한 커플에게 전해졌고 그들의 헌신과 지원은 다시 가난에서 벗어나려고 발버둥치는 인도네시아인에게 전해졌다.

암웨이는 꿈꾸는 자와 행동하는 자로 구성된 국제 가족이다. 공동의 노력으로 가장 빈곤한 나라에서도 자유 기업과 경제가 성장하고 있다. 이들은 세계 평화를 위해 적극 노력하는 사람들이다.

암웨이가 70여 개 국에서 활동하고 해외 매출이 대부분을 차지한다는 것은 암웨이를 알지 못하는 대부분의 사람들에게는 매우 충격적인 사실이다.

일년 전만 하더라도 나도 그런 무지한 사람 중 한 명이었다. 내가 미국 운송회사 연합 의장인 톰 도나휴와 그의 아내 리즈와 함께(밴 앤델과 친분이 있는 사람들이다) 호주를 여행하고 있을 때의 일이다. 나는 암웨이 오스트레일리아의 발전 현황을 다룬 한 신문의 일면기사를 읽고 있었다. "암웨이가 호주에?" 하고 난 놀라서 물었다. 그날 저녁식사를 하면서 톰은 나의 무지를 완전히 깨우쳐 주었다. 그러나 그 이후로도 나는 그토록 미국적이라고 생각했던 사업이 어떻게 전혀 다른 문화와 나라에서 뿌리내리고 성장할 수 있을까 하고 궁금해 했다.

"새로운 세계질서는 무엇인가?" 공산국가가 무너지고 냉전이 종식된 후로 우린 자주 이런 질문을 듣는다. 무엇이 공산국가, 사회주의 국가, 그리고 복지국가의 빈자리를 채울까? 암웨이를 중심으로 한 국제적 기업활동의 눈부신 발달이 그 해답을 제시한다. 통신 기술의 보급과 더불어 활짝 꽃피운 자유민주주의와 암웨이처럼 소자본의 사업 기회가 전세계 보통 사람들에게 가능성의 문을 열었다.

미국 제일의 수출회사

어떤 나라는 석유를, 어떤 나라는 차를, 어떤 나라는 다이아몬드를 그리고 어떤 나라는 식량을 주력 상품으로 수출한다. 그렇다면 미국의 수출 주력상품은 무엇인가? 제품이나 자연자원이 아니라 바로 반짝이는 아이디어다. 자유 기업 정신을 세계인의 손에 쥐어주는 것이다. '아메리칸 웨이'에서 파생된 이름의 회사가 과거엔 '양키 고 홈'이란 구호를 내걸었던 국가에서 열렬한 환영을 받는 것은 실로 아이러니가 아닐 수 없다.

이것은 수석 다이아몬드 DD인 짐 플로에게 있어서는 놀라운 경험이었다. "일부 국가에서 암웨이가 성공할지는 미지수였어요." 그는 내게 말했다. "그러나 저개발국에서도 암웨이의 성공 원리가 적용된다는 사실을 발견했어요."

"각기 다른 나라와 문화가 가지는 이상과 목표가 얼마나 비슷한지 알면 아마 깜짝 놀랄 겁니다. 암웨이는 지구촌을 만들어 서로의 거리를 좁히고 벽을 허물고 있어요."

일본의 젊은 샐러리맨이었던 히로우키 호리는 몇 년 전 직장을 그만두고 풀타임으로 암웨이 디스트리뷰터 일에 전념했다. 그는 한 기자에게 암웨이를 이렇게 평가했다. "아메리칸 드림은 있지만 제패니즈 드림 같은 것은 없어요. 일본에서 크게 성공하기란 정말 어려워요. 하지만 암웨이로는 성공하는 사람이 아주 많아요."

전세계인이 성공하도록 돕는 과정에서 미국 내의 암웨이가 변모했다. 암웨이는 수출주력 회사가 되었다. 그 수치는 실로 경이롭다. 1984년에는 해외 매출액이 총 매출액의 고작 15%였는데, 현재는 총 매출액의 2/3를 차지한다. 이 비율이 2000년에는 75%로 늘어날 전망이다.

뿐만 아니라, 국제무대는 암웨이의 신세대 리더가 암웨이에서 한 획을 그을 수 있는 기회를 제공한다. 아버지 세대의 토대 위에서 디보스와 밴 앤델의 자녀들이 개척자가 될 준비를 하고 있다. 암웨이 디스트리뷰터와 그 조직도 마찬가지이다. 해당 국가의 법규를 준수하는 한, 이들은 암웨이가 문을 연 나라라면 어디서나 성공할 수 있다.

구성원의 의욕과 패기에 크게 의존하는 암웨이와 같은 사업에 있어서는, 새로운 목표를 설정하는 것이 매우 중요하다.

암웨이의 성공신화

19 96년 봄 백악관에서 한 기념식이 열렸다. 클린턴 대통령과 주요 자동차업체 사장들이 국제 마케팅 역사상 '획기적 사건'을 자축하는 자리였다. 그 사건이란 '잘못된' 방향의 도로로 운행하는 일본 시장에서 미국 자동차 판매를 촉진하기 위해 핸들을 오른쪽에 부착시키는 획기적인 일을 했다는 것이다. 대통령을 포함한 모든 참석자들은, '닫힌' 시장에 진출하기 위해 미국이 현명하고도 과감한 결단을 내렸다고 자찬했다. '일본 시장에 맞게 개조된 미국 자동차의 혁신을 보라!'

솔직하게 말하자면, 미국의 자동차 회사들은 최근 몇 년 동안 제품의 품질과 수출 시장성을 높이기 위해 엄청난 발전을 해왔다. 하지만 그날 서로의 등을 두드리며 자화자찬하던 정치인과 중역들의 모습은 미국 기업들의 해외시장 접근방식이 얼마나 구태의연한지를 잘 드러내준다.

암웨이와 다른 창의적인 기업 정신을 가진 수천 개의 기업은 그렇지 않다. 남들이 열악한 조건에 대해 불평만 일삼는 동안, 암웨

이는 세계시장에 과감히 진출하였다. 예를 들면:

- 암웨이는 70개 이상의 나라에서 문을 열었다.
- 일본 암웨이는 98만 명의 디스트리뷰터 영업 인력을 자랑한다. 이들은 일인당 평균 40달러의 제품을 판매하였다. 매출액은 지난 5년 간 두 배로 증가하였다.
- 대부분의 미국 기업들이 경제불안과 사회불안을 이유로 너도나도 브라질에서 철수할 때. 암웨이는 1991년에 이 시장에 진출하여 처음 사흘 동안 1만 명의 디스트리뷰터를 모집하였다. 3년 동안 매출액은 무려 1500 퍼센트 증가하였다.
- 폴란드 암웨이는 문을 연 지 한 달 만에 1만여 명의 의욕에 찬 디스트리뷰터를 모집하였다.
- 체코 공화국에서 암웨이가 문을 열었을 때 두 주만에 2만 명이 디스트리뷰터로 가입했다.
- 암웨이 아시아 태평양 주식회사가 1993년에 주식을 상장하여 1억 5천만 달러를 조성하여 중국으로 진출하였다. 첫날 주가가 59%나 뛰어올랐다.

크라운 앰배서더 DD인 짐 도넌의 '네트워크 21'은 여러 국가에서 디스트리뷰터를 스폰서링하고 교육시킨다. 그는 공통적인 인간적 욕구에 관해 이렇게 말했다. "그들의 열망은 우리와 같아요. 생활을 꾸리고 더 나은 미래를 살기 위해 안정과 경제적 독립을 원하죠."

세계로 진출하는 암웨이

암웨이의 세계진출 속도가 1990년대에 들어와서 급속히 증가하긴 했지만, 암웨이는 처음부터 국제 전략을 가지고 있었다. 1962년에 미시건주 암웨이 세계본부에서 가까운 캐나다로 첫 해외 진출이 이루어졌다. 그 다음에는 오대호 근처에 위치하여 미국 영토이긴 하지만 독특한 문화를 가진 푸에르토리코로 진출했다.

찰스 폴 콘이 그의 저서 〈꿈의 실현 암웨이 비즈니스(The Possible Dream)〉에서도 언급했듯이, 이러한 이웃 국가에 대한 진출은 신세계에 대한 도약이 아닌 기존 암웨이 네트워크의 자연적 확장으로 간주되었다.

암웨이처럼 젊고 진취적인 기업이 인접 국가가 아닌 나라를 목표로 삼아 암웨이 시장으로 문을 열게 할 날이 반드시 올 것이다. 그 목표 시장은 호주였고 그 때가 1970년이었다.

　25년이 지난 지금, 호주는 급성장하는 암웨이와 트리플 다이아몬드 DD인 미치 살라와 그의 아내 데이르처럼 성공한 디스트리뷰터로 대표되는 나라이다. 살라씨 부부의 사업은 호주와 인도네시아에서뿐만 아니라 포르투갈, 헝가리, 폴란드, 남미, 터키, 그리고 중국에까지 진출하고 있다.

　미치는 처음에 부업을 하려고 이 사업을 시작했다. 데이르는 암웨이와 일정한 간격을 유지하려고 노력했다. 그러나 시간이 지남에 따라 점점 열정을 보이게 되었다. 그리고 한 계단 한 계단 정상으로 올라갔다. "다이아몬드 DD가 된 후로 안정된 미래를 갖게 되었고 우리 둘 다 직장을 그만둘 수 있게 되었어요. 금전적 압박과 직장의 스트레스에서 벗어나니 날아갈 것 같았어요."라고 미치가 말했다.

　데이르는 이렇게 전한다. "남의 스케줄에 내가 얽매이지 않는 게 얼마나 좋은지 몰라요. 세 아이의 풀타임 부모가 될 수 있다는 것이 행복했습니다. 그리고 무엇보다도 자유를 얻은 것이 가장 기뻤어요."

　1971년에 호주에서 문을 연 이후로 1972년에 영국, 1973년에 홍콩. 그리고 1975년에는 서독에서 연이어 암웨이의 문이 활짝 열렸다. 암웨이가 처음에는 영어권이면서, 경제안정과 서구 스타일 비즈니스와 법치문화를 이룬 나라에서 쉽게 사업을 한 것이 사실이었다.

암웨이 세계 진출은 가속도가 붙었다. 1980년대에 진출 국가가 10개국이 더 추가되었다. 그리고 1990년대에는 더 많은 나라에 진출하였다.

굳게 닫힌 문 열기

일련의 역사적 사건은 암웨이에 전반적으로 유리하게 작용했다. 예컨대, 동유럽 공산국가의 몰락과 소비에트 연방의 붕괴, 중앙계획경제와 국영기업의 실패 이후 민영화와 자유경제 원리의 확대 등이 그것이다. 또한 라틴 아메리카와 남미에서의 민주주의 발전도 암웨이에 호재(好材)로 작용했으며 통신기술 발달, 대중매체, 간편해진 세계여행으로 인한 세계 중산층의 급부상과 폭발적 소비문화도 여기에 한 몫을 했다.

그러나, 이러한 반가운 변화에도 많은 난제가 숨어 있다. 폭발적 자유를 주체하지 못해 기존의 제도가 무너졌고 복지국가의 '요람에서 무덤까지'의 보장이 산산조각 났다. 여러 개로 분리된 나라도 있다. 수십 년 간 독재자와 독재정권의 철권 통치를 받아 온 국가가 허술한 법적 기틀, 교육 체제 그리고 낡은 경제 제도만 가진 채 갑자기 자유를 맞은 것이다. 결국 부패가 그 진공을 채워서 폭력집단과 범죄조직이 마구잡이로 자생하였다.

질서와 안전에 대한 추구는 곧 과거 공산체제에 대한 향수를 불러일으켰다. 1996년 7월 러시아 대선에서는 공산당 후보에 대한 지지가 유권자의 40%를 차지할 정도였다. 냉전을 종식시킨 영웅들은 정치적 푸대접을 받고 있다. 미하일 고르바초프는 자신이 주도해서 새로 탄생한 러시아에서 대선 출마를 시도했다가 웃음거리만 되었다. 마가렛 대처, 브라이언 멀로니, 조지 부시, 그리고 가장 최근에는 바웬사도 재선에 출마했다가 같은 수모를 겪었다.

미친 듯이 날뛰고 있는 테러 국가가 세계를 공포에 빠뜨리고 있다. 북한, 쿠바, 중국, 그리고 베트남에서는 여전히 공산당이 집권하고 있다. 그나마 중국과 베트남은 일당독재 정치에 자유시장 경제체제를 도입하여 아슬아슬한 줄타기를 하고 있다.

호주, 스페인, 그리고 스웨덴에서는 보수정당이 승리한 반면에 영국에서는 시대착오적으로 노동당이 승리할 가능성이 점점 커지고 있다. 미국에선, 정부 규모를 과감히 축소시키라고 뽑아놓은 혁명의회에 대해 국민의 불만이 쌓이고 있다.

역사상 가장 중요한 사건인 공산주의의 몰락과 자본주의의 부활은 결코 동화 같은 이야기가 아니다. 혁명은 전혀 깔끔하지도, 질서 정연하지도 않다.

그러나 그 혼란의 폭풍 속에서 암웨이는 적극적으로 뛰어들어 사람들이 상황을 제대로 파악하도록 도왔다. 아주 불안하고 혼란스럽게 느껴지는 상황이 오히려 암웨이에게는 성공의 조건이 될 수 있다. 구속 없는 자유 기업 활동 속에서 개인과 가족이 성공을 이룰 수 있다.

정부가 제공하는 질서와 안정의 그늘로 되돌아가길 원하는 사람은 다이아몬드 DD인 제임스 야기와 아내 일디코를 꼭 한 번 만나 봐야 한다.

제임스는 스물한 살에 당시 공산국가였던 헝가리를 떠나 호주로 망명하였다. 돈 한푼 없었고 영어도 할 줄 몰랐으므로 성공할 가능성도 희박했다. 새로 찾은 자유의 땅에서 치열하게 살면서 그는 뼈저리게 깨달았다. "자유 국가에서 산다고 자유가 저절로 주어지는 것이 아니구나. 내가 조국까지 버려 가며 찾아 온 자유는 이렇게 남의 밑에서 일하는 것이 아니었다."

암웨이를 소개받은 후 그는 호주에서 디스트리뷰터로 열심히 일했다. 그러다가 기회가 주어졌을 때 이미 자유의 땅이 된 헝가리로 귀국했다. 자신의 꿈을 추구하면서 조국의 재건을 돕기 시작했다.

암웨이를 통해 제임스가 만난 사람 중에는 아내 일디코도 있었다. 두 사람은 헝가리와 폴란드에서 암웨이를 크게 성장시켰다. 몇 주마다 한 번씩 부다페스트에서 갖는 '네트워크 21' 집회에는 최고 2만 5천 명까지 운집하였다.

사실, 헝가리를 망명하기 몇 해 전에 제임스는 자유세계의 가능성을 잠깐 맛본 적이 있었다. 13살 때 캐나다의 큰아버지댁에 잠깐 다녀왔는데, 그는 동유럽의 암울한 현실과 캐나다사이의 어마어마한 격차를 목격한 뒤 경악했다. 헝가리로 되돌아갔을 때 제임스의 담임은 제임스에게 급우 앞에서 서방세계의 '나쁜 점'에 대해 말해보라고 했다. 제임스는 보고 느낀 대로 진실을 말했다가 그 일로 퇴학까지 당했다.

그때 제임스를 퇴학시킨 선생님은 지금은 암웨이 디스트리뷰터가 되어 자유 기업 활동을 하고 있다.

유럽과 남미

유럽에서 공산 체제의 붕괴를 축하하던 시절은 가고 없다. 〈포천〉(Forturne: 미국 경제전문지)지의 기사에 따르면, "초조한 암울함이 동유럽 전역에 짙게 깔렸다." 별로 놀랄 일도 아니다. 철의 장막이 무너진 지 겨우 2년 만에 실업률이 2차대전 이후 사상 최고치를 기록하였다. 1991년 한 해 동안 이 지역 경제가 7.3%나 위축되었다.

"서서히 그러나 확실히 탈냉전 신세대 기업가가 등장하고 있다. 그들은 공산체제의 폐허 속에서 최초로 실질적인 생활을 제공하고 있다. 이 지역에서 발판을 찾는 서방인들에게 새로운 기회를 열어 보이고 있다."라고 〈포천〉지는 낙관했다.

암웨이는 이 미묘한 동향을 뒷짐지고 구경만 하지 않고 직접 뛰어들었다. 1991년에 헝가리에 지사를 세워서 제임스 야기와 같은 망명자들이 다시 고국으로 돌아올 수 있었다. 그 후 1992년에 폴란드, 1994년엔 체코 공화국과 슬로바키아 공화국에서 기회의 문을 활짝 열었다.

폴란드 태생인 조지 바르조넥과 그의 아내 도로타는 현재 뉴욕에서 살고 있다. 그들은 성공한 에메랄드 DD가 되었고, 고국인 폴란드에서 열리는 암웨이 세미나를 위해 많은 시간과 정력을 쏟고 있다. "자본주의가 뿌리내리기 시작한 나라에서는 더할 나위 없이 좋은 기회가 있습니다." 조지는 단언했다.

베를린 장벽이 무너졌지만 아직 동서독이 통일되지 않았을 당시에, 동독 주민이 서독으로 물밀듯이 밀려와 암웨이 제품을 잔뜩 짊어지고 온 뒤 동독으로 다시 가서 파는 광경이 벌어졌다. 재미있는 것은, 수년 간 기본 필수품과 사치품이 암시장에서 밀거래되었던 사회에 암웨이의 이웃간 다이렉트 셀링 방식이 안성맞춤이었다는 사실이다. 소비자는 애써 다른 제품 공급원을 확보하려고 노력하지 않아도 된다.

독일의 크라운 앰배서더 DD인 피터 뮤엘러 미르카츠와 아내 에바는 그러한 기회를 잡아 매우 크게 성공했다.

오스트리아의 트리플 다이아몬드인 한즈 누스홀드와 그의 아내 에바도 동유럽 진출의 선두 주자였다. 호주에서 스키 강사로 일하다가 암웨이에 관해 배운 지식과 의지를 가지고 오스트리아로 귀국했다. 요즘 동유럽에서 열리는 '네트워크 21'의 집회에는 보통 수천 명의 다운라인 디스트리뷰터가 참석한다.

엄청난 성공을 하였지만 한즈와 에바의 마음은 언제나 가족과 함께 있었다. "암웨이 덕분에 더 좋은 부모 노릇을 할 수 있었어요. 어린 두 딸을 위해 사업을 더욱 크게 키우고 싶어요."라고 에바가 말한다.

언어의 장벽을 뛰어넘어

정치와 경제가 불안했던 라틴 아메리카와 남미는 암웨이에게는 오히려 비옥한 기회의 토양이 되었다. 미국의 주요 제조업체 및 서비스업 회사들은 하나같이 이 지역 진출에 난색을 표했다. 그러나 암웨이는 달랐다. 수년 간 쌓인 소비자 수요와 높아진 생활수준, 그리고 통신발달로 남미인들은 암웨이 제품을 사고 암웨이 사업을 시작할 준비가 되어있었다.

브라질이 대표적인 예다. 암웨이 브라질이 1991년에 상파울로에서 문을 연 지 단 사흘 만에 1만여 명이 디스트리뷰터로 가입하였다. 3년도 채 되기 전에 20만 명의 브라질인이 1억 달러 어치의 건강제품, 화장품, 세제 등을 판매하여 암웨이가 브라질에 유통 센터의 건설 계획을 세울 정도였다.

불행히도 멕시코는 불안정과 불법 이민자의 진원지로 미국인에게 인식되었다. 사실, 정치 경제 위기에도 불구하고 멕시코는 문제를 잘 헤쳐 가며 경제 개혁을 이행하고 있다.

1980년대말에, 멕시코 당국은 비효율적인 국영 기업의 2/3를 민영화했다. 멕시코의 성숙한 무역정책은 일반무역관세협약(GATT) 가입으로 잘 드러난다.

북미자유무역협정(NAFTA)의 도움으로 1995년 페소화 위기에서 벗어날 수 있었고, 1980년대초 적자 위기를 극복했을 때보다 성숙한 모습이었다. 8천만 인구의 거대한 소비 시장이 있었고 구매력 있는 중산층이 급증했기에 암웨이가 멕시코에 끈질기게 매달렸고, 1990년 이후 꾸준히 성장할 수 있었다. 아메리카 대륙의 좋은 이웃이자 친구인 사람들을 도왔을 때의 보람은 돈으로 감히 계산할 수 없다.

라틴 아메리카나 남미에 뿌리를 둔 많은 미국인이 그곳으로 진출하여 동포 사회에서 열심히 암웨이 사업을 키우고 있다.

미국에서 태어난 빅터 리베라는 푸에르토리코에서 성장하며 겪은 시골의 가난을 잊지 못한다. 그 체험은 미합중국의 풍요와 너무나 동떨어진 것이었다.

정규 교육도 제대로 받지 못했고 영어도 잘 하지 못했지만 빅터와 그의 아내 이베트는 암웨이를 통해 마침내 가난을 극복했다. 스페인

어만 구사하는 에메랄드 다이렉트 DD인 빅터와 이베트는 현재 라틴 아메리카와 남미에서 디스트리뷰터를 모집하는 데 힘쓰고 있다.

갈린도 마르티네즈는 전기나 수도도 공급되지 않는 도미니코 공화국의 작은 마을에서 살았다. 형제는 무려 열다섯 명이나 되었다. 어려서부터 병약했던 갈린도는 강한 정신력을 길렀다. 가난에서 벗어나겠다는 꿈을 언제나 잃지 않았다.

18살 때 도미니코 공화국의 수도 산토 도밍고로 가서 혼자 힘으로 대학을 마쳤다. 그곳에서 카르멘을 만났다. 카르멘은 갈린도가 겪은 것보다 더한 가난에 시달렸다. 그녀는 7살 때부터 일을 해야 했다. 한 친구가 종이 냅킨에 암웨이 플랜을 소개했을 때 그녀의 심장은 방망이질하듯 두근거렸다. '바로 이거야, 이것으로 내 꿈을 이룰 수 있을 거야!'

갈린도와 카르멘은 결혼하여 도미니코 공화국에서 암웨이 사업을 시작했는데 이들의 엄청난 성공에 주위 친구들이 입을 다물지 못했다. 도미니코 공화국의 상황이 나빠지고 뉴욕으로 갈 기회가 생겼을 때, 갈린도와 카르멘은 뉴욕에서 암웨이 사업을 시작할 결심을 했다.

그러나 그 꿈은 연기되었다. 영어도 몰랐고 당장 생계가 급했기 때문에 갈린도는 빵 판매원으로 취직했다.

맨손으로 시작한 그들은 마침내 식료품 점포 2개와 도매 캔디 사업을 운영할 만큼 그 업계에서는 성공했다. 그러나 그들의 마음은 암웨이 곁에 있었다.

"암웨이라는 꿈 때문에 뉴욕에 왔어요. 그래서 암웨이를 포기한 적이 없었어요." 갈린도는 말했다. "그저 살아남으려고 열심히 일했어요. 1990년에 방향을 바꾸어야 한다는 것을 알았어요. 눈코 뜰 새 없는 사업으로 우리 부부는 이미 지친 상태였거든요. 그래서 암웨이로 되돌아갔던 것입니다."

일단 암웨이 사업을 시작하자 폭발적인 성공을 거두었다! 스페인 어밖에 몰랐던 그들이 수석 다이아몬드 단계에 올랐고 꿈을 하나씩 실현하기 시작했다.

뉴욕의 집 말고도 산토 도밍고에 수영장이 있는 저택을 샀다. 갈린도의 부모님에게 아름다운 집도 지어드리고 매달 찾아가서 인사드렸다.

암웨이는 국제적 사업이다. 서로 다른 국가, 문화, 배경, 그리고 언어의 장벽을 뛰어넘어 전세계를 하나로 연결하는 사업이다. 그러나 여전히 가족을 한데 묶어 주는 사업이 바로 암웨이다.

오! 캐나다

한편, 캐나다는 외국이 아닌 거대한 북미 시장의 일부처럼 여겨지기 때문에 암웨이 캐나다는 암웨이의 가장 가까운 가족이다. 캐나다에서 가까운 미시건주 암웨이 세계본부로부터 1962년에 자연스럽게 진출했기 때문에, 브리티쉬 콜롬비아의 짐 잔쯔와 그의 아내 샤론과 같은 전설적인 디스트리뷰터에겐 암웨이 캐나다가 고향이나 다름없다.

32년 전 짐과 샤론은 그들의 아파트 지하방에서 암웨이 사업을 시작하였다. 당시 짐은 박봉의 중학교 교사였다. 크라운 앰배서더 DD가 된 이래로, 그들 부부는 가장 성공한 북미 디스트리뷰터로 인용된다. "암웨이는 90년대에 꼭 들어맞는 사업입니다. 스스로 경제적 안정을 확보해야 한다는 것을 사람들은 알고 있어요."라고 그들은 말한다.

최근 인터넷의 대화방에서 한 디스트리뷰터가 캐나다의 무궁무진한 가능성에 대해 이렇게 쓴 글을 보았다.

클리브랜드에서 열린 행사에 방금 다녀왔다. 오대호 지역의 스코트와 M.J. 마이클 조직이 하루가 다르게 급성장하고 있다. 미시건주의 한 부부는 암웨이 사업을 시작한 지 60일 만에 펄 DD가 되었다. 첫

달에 60명을 스폰서링하였고 이미 20개의 레그를 가지고 있다.

여러분도 지금 당장 시작하세요!

30년 전 위니페그에 살았던 헬렌 휴너는, 교사인 남편 버트의 박봉으로는 네 명의 자녀를 충분히 교육시킬 수 없다고 판단하고 암웨이 사업을 시작하였다. 헬렌과 버트는 한 팀이 되어 암웨이를 키웠다.

15년 전 버트가 세상을 떠났다. 헬렌은 더 열심히 일에 투신하여 남편과 시작한 사업을 정성스럽게 가꾸었다. 이제 더블 다이아몬드 DD가 된 헬렌은 암웨이의 젊은이를 친자식처럼 스폰서링할 계획이다.

커지는 골칫거리

투자자의 입장에서 볼 때 위험부담은 적은 편이었지만, 그렇다고 30년 전 암웨이가 캐나다에 진출할 때 아무 문제가 없었던 것은 아니다. 1983년에 갑자기 캐나다 정부는 암웨이가 몇십 년간 관세를 내지 않았다면서 2천 5백만 달러(캐나다 달러)의 벌금을 청구했다.

그 사건을 계기로 암웨이 창업자들은 세계 진출시에 반드시 명심

해야 할 교훈을 배웠다. 몇 년 전 〈디트로이트 프리 프레스
(Detroit Free Press)〉와의 인터뷰에서, 창업자인 리치 디보스는
이렇게 말했다. "암웨이 캐나다는 처음에는 직원이 몇 명밖에 되지
않는 초라한 회사였어요. 하지만 눈 깜짝할 사이에 1억 달러 매출
을 자랑하는 회사가 되었죠. 그런데 18년 전 서류 하나에 사인을
하지 않았다고 몇 년 동안이나 수모를 당해야 했어요."

이제 다른 나라에 새로 진출할 때는 반드시 해당 국가 정부와 긴
밀하게 협조하는 것을 명심하고 있다.

아시아, 그 거대한 시장

1980년대 후반 캘리포니아 주지사의 수석 보좌관이었던 나는
'환태평양'이라는 급부상하는 시장에 캘리포니아 제품을 수
출할 계획을 세우고 이 지역의 투자 기회와 생활방식을 사전 조사
하는 업무를 담당하였다. 일본과 홍콩에 캘리포니아 무역사무소를
설치하고, 한국, 호주, 필리핀, 그리고 베트남 등의 여러 국가와 연
계를 맺는 것도 내가 맡은 업무 중 하나였다.

내가 아시아 시장에 관해 알게 된 중요한 사실은 이런 것들이다.

첫째, 아시아 시장의 성장 잠재력과 역동성은 가늠하기가 사실상 불가능할 정도로 엄청나게 크다.

둘째, 대부분의 미국인은 태평양 주변 국가의 문화와 경제에 대해 아직도 잘 알지 못한다. 특히 유럽에서는 유럽 기업들이 시장을 장악하고 있는데도 미국 동부의 기업들은 오로지 유럽만 생각하고 있다.

셋째, 단 하나의 '아시아 시장'이 아니라 아주 많은 시장이 있다. 그러나 모든 아시아 시장은 한 가지 공통점을 지닌다. 지연, 학연, 혈연 등 인간관계를 바탕으로 사업이 이루어진다는 것이다.

넷째, 무역 마찰은 무역 장벽 자체 때문이 아니라 사실상 인내심과 이해심의 부족으로 인해 일어난다. 이 지역에서 미국이 수출에 실패하는 요인도 바로 이것이다.

또한, 존 네이스비트의 저서 〈메가트렌드 아시아(Megatrends Asia)〉는 태평양 지역의 가능성을 이렇게 요약한다:

- 2차대전 이후로 빈곤한 아시아인의 수가 4억에서 1억8천 만

명으로 급격히 감소했다. 반면 인구는 4억이 더 늘어났다.

* 일본을 제외한 아시아 중산층의 수는 21세기가 되기 전에 8억
  에서 10억 사이가 될 것이다. 이들 중산층의 소비력은 9조에
  서 10조 사이로 예상된다.

* 중국인 중 8천만 명 이상이 한해 1만 달러에서 4만 달러 사이
  의 소득을 올린다. 한국인 중 60%는 자신이 한해 6만 달러
  이상을 버는 중산층이라고 응답하였다. 태국, 방콕의 1백만여
  가구의 연간 소득이 1만 달러가 넘는다. 많은 아시아인이 아
  직까지는 가난하지만 수백만이 아메리칸 스타일의 구매력과
  꿈을 가진 소비자이다.

* 아시아 국가 대부분의 저축률이 30% 이상이므로 지출과 투자
  가 가능한 자본으로 넘치는 지역이다.

네이스비트는 이렇게 기술하였다.

아시아인은 전세계 인구의 반 이상을 차지한다. 아시아 가구의 절반 이상이 5년 이내에 냉장고, 텔레비전, 세탁기, 컴퓨터, 화장품 등 다양한 소비재를 구입할 수 있을 것이다. 5억 인구가 중산층으로 성장할 것이다. 그 시장 규모는 미국과 유럽을 합친 것과 맞먹는다.

하지만 이 시장 규모는 암웨이를 포함한 직접판매 업계의 성장잠재력에는 절반도 못미친다. 네이스비트가 요약한 아시아인의 '메가트렌드' 는 다음과 같다.

- 국가대 주에서 네트워크로 변화
- 수출 주력에서 소비 위주로 변화
- 남성 위주에서 여성 진출로 변화

다른 요인들과 마찬가지로, 이 세 경향은 암웨이가 아시아에서 어떻게 그렇게 큰 성공을 거둘 수 있었는지, 그리고 전세계 암웨이 디스트리뷰터에게 어떻게 계속해서 기회의 노다지를 제공할 수 있는지를 잘 설명해 준다. 이 세 요소를 보다 면밀히 살펴보자.

탁월한 네트워크 사업

존네이스비트는 언젠가 이렇게 말한 적이 있다. 모든 해외 중국 교민의 경제 활동을 한 나라의 경제로 환산하면 미국과 일본 다음으로 규모가 크다. 그러므로 해외 중국 교민은 네트워크 중의 네트워크이다. 이것은 세계경제의 기틀 속에서 새로운 패러다임이자 새로운 토대이다.

네트워크 중의 네트워크라는 말은 암웨이에도 해당된다. 대부분의 암웨이 디스트리뷰터가 지역사회와 국가에 깊은 뿌리를 두고 봉사한다.

그와 동시에 성공한 대부분의 암웨이 사업은 지리적 장벽에 구애받지 않는다. 예를 들어, 크라운 앰배서더 DD인 덱스터 야거는 암웨이 진출국 수만큼이나 많은 나라에서 활동하고 있다!!

네이스비트가 언급한 중국 교민 네트워크도 비슷한 방식으로 이루어진다. 이 경우, 가족, 조상, 그리고 민족이라는 관계가 사업계약과 거래면에서 국경을 초월한다.

중국인 네트워크와 암웨이는 둘 다, 통신기술의 발달과 활발해진 세계 여행으로 미래에 세계 경제가 어떻게 급변할 것인지 일말이나마 예측하게 해준다.

수출 주력에서 소비 위주로

만일 네트워크 구성원에게 소비할 돈이 없다면 아무리 좋은 네트워크라 할지라도 무의미할 것이다. 아시아는 그렇지 않다. 최근 〈월스트리트 저널〉의 전면기사는 현재 일어나는 변화를 이렇게 요약하였다. "미국 기업, 해외 소비자에게 눈돌리다." 1996년 6월 13일자 머릿기사는 이렇게 전한다. "새로운 시장으로 급부상하는 아시아를 값싼 노동력의 공급원으로만 생각하는 사람은 더 이상 없다."

이 기사는 성장하는 소비자 시장을 개척하여 성공적으로 진출한 미국 기업들을 시기별로 열거했다. 태국의 시티뱅크 카드사와 중국의 프리토 레이 스낵회사를 예로 들었다. 지난해 프리토 레이사는 중국 한 지역에서만 무려 1억 봉지의 치토스를 판매하였다!

많은 회사들이 이 시장에 진출할 때는 다이렉트 셀링을 이용한다. 아메리칸 인터네셔널 그룹은 방문판매를 통해서 상하이에서만 5천 명에게 보험상품을 판매했다. 태국의 시티뱅크는 신용카드 영업사원의 실적을 근거로 보수를 지급한다.

이것은 완전히 새로운 추세이다. 과거엔 아시아 개발도상국을 공장 부지 또는 천연자원 산지로만 여겼는데 지금은 현지 주민을 고

객으로 여긴다. 특히 미국의 인구와 소득이 성장을 멈춘 것은 이러
한 변화를 가속화시켰다고 볼 수 있다.

　비교적 쉽게 물질적 풍요를 이룩한 서구인들은 자칫 아시아에서
일어나는 소비 붐을 비웃기 쉽다. 그러나 아시아인들은 20세기 동
안 굶주림과 고통에 시달렸다는 것을 이해해야 한다. 의식주를 해
결하는 것이 최대 관심사였고 또한 생사가 달린 일이었다. 따라서
가전제품, 멋진 옷, 자가용, 영화 티켓, 레스토랑에서의 외식이 그
들에게는 중요한 의미를 가진다.

　인도네시아의 에메랄드 DD인 토니 수프리얀토는 성장하는 아시
아 소비력의 일부다. 토니가 미국 비버리힐스의 값비싼 로데오 드
라이브에서 최신 옷을 쇼핑할 수 있는 것은 대단한 성공을 의미
한다. 그는 캘리포니아 암웨이 디스트리뷰터들 앞에서 행한 연설에
서 이것을 열심히 설명했다.

　작은 인도네시아 마을에서 가난하게 자라난 토니는 학교에서 깡
패였다고 한다. 그는 깡패 생활로 허송 세월을 보냈다. "한달 용돈
이 고작 25달러였어요. 미래가 보이지 않았죠."

　암웨이 디스트리뷰터가 됨으로써 토니는 자기 인생과 남에 대한
책임을 깨닫게 되었다. "부모님은 저를 대견해 하십니다. 나의 수

많은 다운라인들이 자기 부모 말은 안 들으면서 내 말은 잘 따릅니다. 저는 그들의 부모나 다름없어요. 그래서 저는 그들의 삶을 향상시키기 위해 노력하고 있어요."

자신과 자기 가족을 가난에서 구할 수 있는 엄청난 잠재력을 가진 아시아의 신세대에게는 로데오 드라이브의 꿈도 있고, 남과 조국을 발전시키고 부모를 편히 모시겠다는 꿈도 있다.

베트남에서의 사업 가능성

베트남에서의 사업 기회에 관한 저서를 준비하는 과정에서 나는 베트남 중산층의 작은 움직임을 직접 목격했다. 소비주의와 상업주의에 매료된 베트남 도시인이 주도하는 경제 변화의 속도와 소비자 성장은 숨가쁠 정도로 빠르다.

1990년대초의 베트남은 중앙경제에서 시장경제로 막 탈바꿈하고 있었다. 난 당시 사이공이었던 현재 호치민시의 한 특급호텔에 묵었다. 프론트 데스크의 직원이 투숙객의 이름을 숙박부에 기입하였다. 숙박료는 주판으로 계산되었다. 방에는 다이얼식이나 버튼식이 아닌 전화 한 대가 덩그러니 놓여 있었는데 프론트 데스크와 호텔의 두 외부선에만 연결되어 있었다. '제품회사 3호'에서 만든 비누

한 장과 화장지 그리고 끓인 물병 하나가 구비 물품의 전부였다.

공항에서 호텔로 가려면 택시비를 두고 택시 기사와 격렬하게 흥정한 후에야(물론 달러로) 낡은 푸게를 얻어탈 수 있었다. 그 차는 도로에서 사람이 끄는 인력거 외에 유일한 차량이었다.

그리고 일년 후 나는 베트남을 다시 방문했다. 그리고 전혀 다른 베트남을 만났다. 에어컨이 돌아가고 미터기가 달린(요금은 여전히 달러로 계산되었다) 도요타 신형 택시를 타고 공항에서 전에 묵었던 그 호텔로 갔다. 거리는 반짝이는 혼다 오토바이로 붐볐다. 호텔 프론트의 직원은 컴퓨터로 체크인한 뒤 전자계산기로 숙박료를 계산했다. 내 방에는 국제 직통전화가 가능한 버튼식 전화기가 놓여 있었고 다양한 음료수, 생수, 그리고 스낵을 미니 바에서 즐길 수 있었다. 게다가 세계 유명 상표의 비누, 샴푸, 로션, 그리고 칫솔이 구비되어 있었다.

나는 전형적인 베트남 가정을 방문할 기회가 있었다. 그 가정에는 세탁기/탈수기, TV와 비디오, 휴대폰, 그리고 온갖 퍼스널 케어제품과 가정주방용품이 갖추어져 있었다. 미국제 화장품, 세제, 로션, 샴푸도 눈에 띄었다.

베트남이 서서히 문호를 개방하자 해외에 나갔던 베트남 동포들이 고향 친지가 원하는 물건들로 가득한 가방을 짊어지고 속속 귀국하고 있다. 가장 많이 부탁하는 품목은 현 베트남 국내 수요의 좋은 척도가 된다. 베트남 현지인이 원하는 물품으로는 화장품, 스킨 크림, 비타민, 그리고 아기 용품과 같은 고품질 퍼스널 케어 제품, 캔디와 과자, 키친 용품, 부를 상징하는 유명 상품 등이다. 미국 제품이면 더 좋다.

중국의 영향을 많이 받는 베트남은 아시아 전역을 반영하기도 한다. 그럼 과연 이러한 베트남의 중산층 소비자들이 좋은 디스트리뷰터가 될 수 있을까? 다음 이야기로 답을 대신하겠다.

내가 잘 알고 지낸 베트남 가족이 있었다. 그들은 호치민시의 뒷골목 셋방에서 살았는데 생활이 나아지자 집을 마련할 수 있게 되었다. 그들은 아이들 놀이터에서 가까운 조용한 교외의 집을 바라지도 않았다. "번화가에 있는 집을 원해요. 도로로 대문이 열리는 그런 집 말이죠." 라고 친구는 내게 말했다.

"하필 왜 그런 집을 원하죠?" 난 물었다. "너무 시끄럽고 분주하고 지저분하잖아요?"

"그곳에 살아야 뭔가 팔 수 있잖아요." 라고 그녀는 대답했다.

21세기가 되면 아시아 중산층이 전세계에서 가장 큰 소비력을 가지게 될 것이다. 판매업은 더 이상 천한 일이 아니라 미덕이 될 것이다.

남성 위주에서 여성의 등장으로

"**기**업 활동이 아시아 여성 사이에서 전성기를 누리고 있다." 라고 존 네이스비트는 기술하였다. 그는 아래의 사실을 들어 매우 설득력 있는 주장을 폈다.

- 홍콩에는 관리직 5명 중 한 명이 여성이다.
- 싱가포르의 여성 관리자 수는 지난 10년 간 거의 3배 증가하였다.
- 일본의 새 회사에서 여섯 중 다섯 회사는 여성이 창업한 것이다.
- 1978년 이후 중국에서 시작된 사업의 25%를 여성이 차지한다.

암웨이는 언제나 여성에게 유리하였다. 기존의 아시아 회사는 그렇지 않았다. 그러나 이것도 빠르게 변하고 있다. 암웨이가 퍼스널 케어 제품, 가정 주방용품에 주력한다는 것과 아시아 여성간의 폭발적인 기업 활동이 합쳐져서 완벽한 결합을 이룬다.

히토미 요코미조에는 가장 적절한 시기에 암웨이를 접하게 되었다. 이 젊은 일본 여성이 사진학을 공부하기 위해 캘리포니아로 유학갈 때 그녀는 고향 친구 모두가 아름다운 해변, 헐리우드 스타, 그리고 디즈니랜드에나 관심을 가질 것이라고 생각했다. 그런데 예상과는 달리 친구들은 하나같이 암웨이에 대해 알아봐 달라고 부탁하는 것이 아닌가!

친구들이 그런 부탁을 했던 것도, 그래서 히토미가 그런 사업을 시작하게 된 것도 모두 운이 좋았기 때문이다. 왜냐하면 사고로 눈을 다쳐서 사진 공부를 포기해야 했기 때문이다. 암웨이는 히토미가 실의와 충격을 딛고 일어서도록 도왔다. 현재 히토미는 에메랄드 DD로서 아시아계 미국인에게 암웨이를 적극 추천하고 있다.

암웨이의 대아시아 전략

밴델과 디보스의 집 지하실에서 시작된 암웨이는 언제나 가족이 주인이고 가족에 의해 운영되는 사업이었다. 수십억 아시아인에게 암웨이 제품과 암웨이 사업 기회를 소개하는 것을 계기로 암웨이로서는 최초로 주식의 일부를 공개하여 주주를 공모했다.

그리하여 중국으로의 진출 자금을 마련하였을 뿐만 아니라 업계에
서의 암웨이의 시장 가치를 설정하는 데 결정적인 역할을 했다.

판매를 독립적 디스트리뷰터에게 전적으로 의존하는 암웨이의 성
격 때문에 의문이 끊임없이 제기되었다. '암웨이 같은 다이렉트 셀
링 회사가 얼마의 가치가 있을까?' '대인관계로 운영되는 회사에 정
확한 가치를 매길 수나 있을까?' '저게 진짜 돈이야 가짜 돈이야?'

암웨이는 2개의 자사를 신설하였는데 일본 암웨이 주식회사와 암
웨이 아시아 태평양(AAP) 주식회사이다. 이 회사의 주식을 뉴욕
주식시장에 상장했다. 시가로 계산된 주식의 1주당 가치는 일본 암
웨이가 약 51억 달러 그리고 아시아 태평양이 약 16억 달러였다!

설립된 지 15년째가 된 일본 암웨이는 이제까지 꾸준한 성장을
기록했다. 그리하여 1994년에 일본 암웨이가 세계에 2차 주식상장
을 성공적으로 마치고, 암웨이 창업자가 가진 지분을 85%로 줄였
을 때, 투자자들은 의외라는 반응을 보였지만 그리 놀라지는 않았
다. 일본과 미국에 있는 투자자는 고도성장을 보이고 부채도 적은
일본 주재 암웨이사에 지대한 관심을 비추었다. 이 회사는 뉴욕 주
식 시장에 상장된 10번째 일본 회사였다.

1993년에 금융시장에서 큰 반응을 일으킨 사건이 하나 있는데,

그것은 홍콩 주재 암웨이 아시아 태평양 주식회사가 중국시장 진출 계획을 발표하면서 주주를 공모했을 때였다.

"개장 첫날 주가가 59% 오르면서 암웨이 아시아가 빅히트치다." 라는 머릿기사가 1993년 12월 16일에 〈워싱턴 포스트지〉에 실렸다. 5천 5백만 주중에서 약 4백만 주를 매각함으로써 암웨이사는 1억 4천 2백만 달러를 벌었다.

일본 암웨이 : 장벽 무너뜨리기

얼핏 보면, 일본 암웨이의 이야기는 전형적인 암웨이 성공 사례로 보인다. 암웨이에 대한 재정 보고서는 아래와 같다.

- 1995년 회계 연도말(1995년 8월 31일) 현재, 암웨이의 디스트리뷰터는 98만 명이고 신규 가입률이 72%이다.
- 그해 총수익은 전년도보다 14.5% 증가하였다.
- 일본에서 판매되는 1백 30종 제품 중 암웨이 월드 플라자의 의류 및 액세서리가(여기엔 58종의 신제품이 있다) 최고 인기 품목이다.
- 셀프 액팅 스킨과 기타 스킨 제품들, 그리고 트리플 X 보조식

품의 판매가 활기를 띤다.

- 일본 땅값이 금싸라기 값인데도, 새 본사와 유통센터를 건립하기 위해 도쿄에 있는 부지 두 곳을 지난해에 매입하였다. 이는 암웨이 재정 상태가 얼마나 탄탄한지를 여실히 증명해 준다.

빈틈없고 점진적이며 조직적인 암웨이 전략의 성공. 그러나 일본의 미로처럼 복잡한 유통 시스템에 직면했을 때 그것은 결코 쉬운 일이 아니었다.

지난 여러 해 동안 서구의 경제 전문가들은 일본의 공공연한 무역장벽(관세와 쿼터제)이 국제적 기준에서 볼 때 낮아졌음에도 불구하고 대일 무역적자 폭이 여전히 크다는 사실을 어떻게 해석해야 할지 난감해 했다. 캘리포니아주를 대신해 무역개발업무를 담당했던 내가 미국 수출업자와 판매인으로부터 가장 많이 들은 불만은 일본의 유통 시스템이 손쉽게 그들을 밀어낸다는 것이었다. 일단 일본 부두까지는 제품을 가져 갈 수 있다고 한다. 하지만 상점 진열대에 올려놓는 것은 쉬운 일이 아니라는 것이다.

새롭게 문을 연 일본 기업과 서비스 업자들도 비슷한 장벽에 부딪히게 된다. 결과적으로 소비자 가격이 인위적으로 높아져서 일본

소비자가 피해를 보는 것이다. 세계 1위의 물가를 자랑(?)하는 것
도 이 때문이다.

〈포천〉지의 에밀리 소톤은 아래와 같이 기술하였다.

일본은 경기 호황을 누리고 있지만 골치 아픈 문제가 하나 있다.
쇼군 궁의 미로 같은 일본 유통망이 바로 그것이다. 소비자가 구
입하는 모든 물건은 일제든 수입품이든 6단계의 중간상인을 거쳐
야 한다. 어떤 중간상인은 제품 하나 보지 않고 앉아서 유통비를
챙긴다. 그리하여 세계에서 가장 터무니없는 가격표가 만들어지
는 것이다. 96알이 들어 있는 아스피린 한 병이 20달러씩이나 한
다. 엔화 강세 때문만은 아닌 것이다.

일본 암웨이의 사장 리처드 존슨은 최근 〈인스티튜셔널 인베스터
(Institutional Investor)〉지와의 인터뷰에서 이 문제를 이렇게 설
명했다.

외국 제품이 판로를 찾지 못하는 것이 정부나 사회 때문만은 아
니다. 그보다는 주요 제조회사가 담합해서 획일적이고 배타적인 유
통망을 형성해서 외국인이든 국내인이든 외부인이 발을 들여놓지

못하도록 하는 것이다.

존슨은 맥주회사를 예로 들어 그 '규율'의 성격을 설명했다.

키린 브루어리사가 사실상 도매망을 장악한 이후로는 다른 회사가 아무리 광고를 해도 신제품이 잘 팔리지 않았다. 술집들은 도매상이 공급해 주는 상품만 주문할 수 있기 때문이었다. 그리고 도매상인은 이렇게 말한다. "사포로나 썬토리 1상자를 사려면 키린 10상자를 사라."

암웨이는 원래 유통망을 경유하지 않는 독특한 방식을 사용하기 때문에, 일본 암웨이는 일본 기존업계에 대한 정면 공격을 의미했다. "처음엔 힘들었어요." 존슨은 당시 일을 회상하며 말했다. "처음 5년 동안은 거의 장사가 안됐어요."

그러나 지금은 암웨이 사업이 일본에서 번창하고 있을 뿐만 아니라 암웨이의 스타일을 모방한 업체가 속속 생기고 있다. 이들은 일본 소비자의 취향과 구매 형태에 일대 혁명을 일으키고 있다. 수십 년 동안 일본의 무역과 유통 장벽에 부딪힌 여러 미국 기업들이 암웨이에 눈을 돌리고, 그들의 제품을 암웨이 디스트리뷰터와 소비자에게 공급해 줄 것을 부탁하고 있다.

　그렇다면 암웨이는 어떻게 그 많은 회사를 울렸던 장애물을 극복했는가? 암웨이 사업 기회의 범 세계적 매력 외에도 암웨이는 세 가지 유리한 요소를 가지고 있었다.

　1. 일본 소비자

　2. 일본인의 꿈

　3. 일본 여성

일본에서 발견한 노다지

1990년대의 미국이 경제침체에 빠졌다고 생각한다면, 일본을 보라. 땅값 폭등으로 인한 경기 후퇴로 일본이 심하게 흔들리고 있으며 견고하게 짜여진 사회조직에 균열이 생기고 있다. 국가 정체성의 위기에 처한 것이 일본의 현주소이다. 일본 사회가 직면한 주요 문제점을 잘 들여다보면 그 이유를 쉽게 알 수 있다. 경기 침체, 인구의 노령화, 신속하고 효과적으로 문제에 대응하지 못하는 정치계의 무능력, 그리고 세계에서의 불분명한 입지 등이다.

　그러나 존 네이스비트가 〈메가트렌드 아시아(Megatrends Asia)〉에서 말한 것처럼 일본을 한물 간 강대국으로 간주하는 것은 너무 성급한 결론이다. 일본 경제가 부활하고 있기 때문이다. 일본 국민은 변화를 요구하고 또한 그러한 변화를 주도하고 있으며 이제까지 금욕적으로 조용히 견디어 온 삶을 거부하고 나섰다.

일본 소비자는 자문한다. "돈이 이렇게 궁한데 왜 세계에서 가장 비싼 물건을 사야 하지? 그것도 대여섯 명의 중간상인을 거쳐서 비싸진 물건을."

"일본 소비자의 이러한 동요로 미국 기업들은 효과적인 대일 사업 전략을 세우고 있어요."라고 에밀리 소톤이 〈포천〉지에서 설명했다.

빠듯한 가계살림과 일본인의 소망도 암웨이가 일본에 뿌리내릴 수 있게 한 요인이었다. "디스트리뷰터 중 대다수가 일본 대기업의 숨막히는 계급세계에서 도피한 사람들입니다."라고 우미코 오노가 〈월스트리트 저널〉에서 설명하였다. "자신을 위해 일하길 원하고, 연공서열에 의해서가 아니라 일한 만큼 대가를 받기를 원합니다. 점점 더 많은 사람들이 일본 사회의 큰 변화에 동참하고 있습니다."

많은 일본인이 1990년대에 들어와서 사장과 피고용인 간의 평생고용의 약속이 깨지는 것을 목격했다. 2장에서 다룬 것처럼, 많은 사람이 경영합리화의 일환으로 감원되었다. 노동자도 한 회사에서 한 가지 일만 하고 25세부터 60세까지 매일같이 유니폼을 입는 직장 생활에서 벗어날 탈출구를 모색한다.

일본 여성들의 소망은 더욱 절실하다. 일본 주부는 오랫동안 국가 경제를 지배해 왔다. 가계살림을 꾸려나가고 구입결정을 내리고, 심지어 '봉급쟁이' 남편에게 점심으로 때울국수 한 그릇 값과 퇴근 후 맥주 한잔 값을 용돈으로 줄 권력(?)을 가지고 있었다.

그러나 일본 주부가 휘둘러 온 막강한 구매력은 답답하고 지루한 것임이 드러났다. 일본 여성은 약간의 자유를 경험하게 되었다. 집을 떠나 고등 교육을 받고, 동창과 하와이나 캘리포니아로 해외 여행을 하고 도쿄의 멋진 회사에도 취직했다. 그런 뒤 대부분의 여성은 결혼을 한다. 부부 중 한 사람이나 두 사람 모두 새벽부터 집을 나서서 90분 동안 기차를 타고 출근해서 어두운 저녁이 되어서야 녹초가 되어 귀가했다. 하루도 빠짐없이. 일하는 여성을 위한 조건이 변화하고 있기는 하지만, 기업에서 여성을 울리는 승진의 벽은 여전히 두텁고 강하게 버티고 있다.

그러니 오노 기자가 가쿠와씨 부부 같은 사람을 만난 것도 놀랄 일이 아니다. 가쿠와씨는 3년 전에 다니던 기기회사를 그만두고 아내의 암웨이 사업에 뛰어들었다. 가쿠와씨의 이런 전업은 몇 년 전만 하더라도 일본 사회에서는 상상도 못할 일이었고 지금도 보기 드문 경우이다.

또 다른 도쿄 디스트리뷰터인 주니치 에빈은 암웨이 시작 동기를 이렇게 밝힌다. "자신이 회사의 한 부품이라는 것에 대해 회의하기 시작했어요. 그들은 즐기길 원하고 뭔가 중요한 일을 하길 원합니다. 하지만 가진 것은 없고요. 암웨이를 시작하면 그들은 '바로 이거다' 하고 생각하죠."

〈포브스〉지의 게일 아이젠스토트 기자는 일본에서의 암웨이 매력을 이렇게 평했다. "암웨이의 '사장이 됩시다' 라는 구호는 미국에서는 차가운 반응을 받았지만 획일화된 일본에서는 폭발적인 호응을 얻었다. 특히 일본의 가정주부와 욕구 불만에 찬 샐러리맨들이 환영한다."

그러나 암웨이가 일본에서 거둔 성공은 단순히 부정적 현실에 대한 반동 이상의 의미를 가진다. 일본 문화에 있어서 가장 긍정적인 면에 호소하기 때문에 암웨이가 성공할 수 있었다.

- 가족, 친구, 그리고 동료로 이루어진 인맥의 중요성.
- 품질 우선주의와 고품질 제품에 대한 요구.
- 근면성과 절약정신.
- 자신이 한 일과 자신이 속한 조직에 대한 긍지심.

암웨이는 일본 내에서 코카콜라 다음가는 가장 성공한 외국 기업이다. 암웨이로 인해 1백만 이상의 일본인이 일본 문화의 장점을 개발하는 한편, 불안한 경제환경에서 효과적으로 대처하고 있다. 〈월스트리트 저널〉지의 최근 기사 헤드라인은 이렇게 간명하게 요약하였다. "암웨이는 일본어로 쉽게 번역된다."

중국과 다른 아시아 미개척지

1995년 4월 10일은 암웨이 역사상 가장 야심찬 첫발을 내디딘 날이다. 바로 세계 인구의 거의 1/4을 차지하는 중화인민 공화국 국민에게 암웨이 제품과 암웨이 다이렉트 셀링 사업 기회의 제공을 시작한 날이다.

홍콩 주재 암웨이 아시아 태평양 부사장인 에바 쳉의 노련한 지도로 암웨이는 중국으로 진출하기 위한 초석을 순조롭게 깔았다. 처음엔 3종류의 가정용 세제와 2종류의 식기 세척제를 소개하면서 시작되었다. 중국 광주에서 1억 달러로 세워진 제조공장에서 현재 가정 주방용품과 퍼스널 케어 제품을 생산하고 있다. 8개의 유통센터가 광동과 푸젠의 남부 지방에 들어섰다. 상하이에도 활발한 진출이 이루어지고 있다.

물론 어려움이나 문제가 전혀 없는 것은 아니다. 암웨이 사장 딕 디보스는 〈그랜드 래피즈 비즈니스 저널(Grand Rapids Business Journal)〉과의 인터뷰에서 이렇게 말했다.

경제 모델이 바뀌는 등 전환기에 놓인 나라에서 가장 시급한 문제는 기간 시설이다. 이런 나라에서 미국식 유통을 지원하려면 엄청난 기간 시설이 필요하므로 제한된 기간 시설 내에서 활동해야 한다. 즉, 제한된 전화선 문제와 각종 기간 시설 부족을 의미한다.

그렇다면 왜 하는가? 사실, 암웨이 아시아 태평양은 중국 없이도 아주 잘해나갔다. 호주, 뉴질랜드, 말레이지아, 태국, 대만, 마카오, 그리고 홍콩과 같이 급부상하는 시장에 진출하면서, 암웨이 아시아 태평양은 회계 연도 1994년과 1995년 동안 17% 이상의 성장률을 기록하였다.

많은 장애물에도 불구하고 중국으로 진출을 감행하는 가장 큰 이유는 중국어 '관지(guanxi)'라는 한 단어로 요약된다. 개인의 '관계'란 뜻이다. 중국 사회는 이 관계를 토대로 이루어져 있다. 이 개념은 대인관계를 잘 쌓아야 성공한다는 암웨이의 생존방식과 궁합이 잘 맞는다. 여기에는 학연, 혈연, 지연, 그리고 같은 동향인이나 직장 동료의 관계를 모두 포함한다. 중국인은 관계를 넓힐 새로운 길을 끊임없이 모색한다.

그 어떤 물리적 경계나 케케묵은 정치적 갈등도 이것을 막을 수 없을 것이다. 사실, 대만과 홍콩에서 활동하는 화교 출신 디스트리뷰터들은 중국 본토에서 디스트리뷰터를 모집할 기대로 들떠 있다. 대만과 홍콩 시장에서 디스트리뷰터 가입률이 현저히 떨어졌고, 태국과 말레이지아를 제외한 이 지역의 1996년도 매출액 역시 부진하기 때문이다.

중국 진출로 활기를 되찾는 것은 바로 암웨이 지도부가 바라는 바이다. 중국 진출이 길고 더디긴 하겠지만 결국 성공할 것이 확실하다.

"가장 먼저 우리를 매료시킨 것은 중국의 거대함이었다."라고 딕 디보스는 말했다. "그러나 오랫동안 인상 깊었고, 중국이 아주 빠르게 변화 발전하는 거대한 나라이기 때문에 장기적 전망을 가질 수 있었다. 우리의 관심사는 장기적으로 시장에서 확고한 입지를 굳히는 것이다. 우리는 아주 신중하게 활동할 것이다."

한편, 앨리스 쿵은 바로 지금이 최적기라고 생각한다. 〈파 이스턴

이코노믹 리뷰(Far Eastern Economic Review)〉지와의 인터뷰에서 말한 것처럼, 그녀는 미국의 집을 떠나 할아버지의 나라인 중국으로 돌아갔다. 광동에서 그녀는 암웨이 제품을 판매하고 디스트리뷰터를 스폰서링했다.

앞서 다루었던 존 네이스비트의 메가트렌드 중에서 '민족국가에서 네트워크로의 변화'를 돌이켜보자. 앨리스 쿵과 같은 사업가가 그 변화의 생생한 표본이다. 중국에 도착한 후 10일내에 그녀는 암웨이 키트 60개를 팔았다. 그녀는 말했다. "하도 주문이 쇄도해서 옛 친구와 통화할 짬도 없었어요. 그 후 6개월 간 6백 명 정도 스폰서링했어요."

어린이에게 주는 선물

내가 캘리포니아 무역개발 프로그램 담당자였을 때, 나와 동료 직원들은 한 가지 문제를 푸는 데 골몰했었다. 그것은, 어떻게 미국 내 절대 다수의 중소 기업들을 설득해서 국제무대로 활동 범위를 넓히도록 만드느냐 또는 적어도 그것을 고려하게 만드느냐 하는 것이었다. 물론 대기업이나 캘리포니아에서 새로 창업된 기업들은 별도의 자극이 필요 없었다. 특히 고향인 아시아에 일가 친척과 친구를 남겨둔 채 떠나 온 사람들은 더욱 그러했다. 그러나 안전한 국내의 울타리 안을 고집하는 중소기업을 설득하는 것은 전혀 다른 문제였다.

　자기 사업의 국제 진출의 중요성을 인정한다면 다음 사항을 고려하라: 암웨이는 우물 안을 벗어나 국제적 사업을 운영할 기회를 제공한다. 진출한 국가의 법률만 준수한다면 어디서든 디스트리뷰터를 스폰서링할 수 있다. 현명하게 처신한다면 사업과 생활에 있어서 동시에 새로운 장을 열 수 있다. 다운라인 디스트리뷰터의 눈을 통해서 세상을 경험할 기회를 가지게 될 것이다. 사업이 성공적이라면 직접 세상을 여행하며 보고 느낄 기회를 많이 가질 것이다.

　우리 아이들이 21세기 세계 경제에 대비하는 데 이보다 더 나은 방법이 있을까?

　'인터내셔널 네트워킹 연합'(International Networking Association)의 회장이며 수석 다이아몬드 DD인 짐 엘리엇의 경우, 남미로 진출한 사업으로 인해 가족 범위도 확대되었다. 사업을 진행하는 과정에서 짐의 아들이 아르헨티나 아가씨와 사랑에 빠져 결혼한 것이다. 현재, 그 젊은 부부는 짐과 함께 암웨이 사업을 확장하는 데 동참하고 있다.

크라운 앰배서더 DD인 앙드레, 프랑스와즈 부부의 아들 마틴은 브라질 상파울로로 가서 대단히 큰 규모의 암웨이 사업을 벌였다. 그런 뒤 프랑스 리옹으로 가서 다시 그곳에서 암웨이 사업을 시작하였다.

크라운 DD인 척과 그의 아내 진은 매달 해외 여행을 한다. 그리고는 그들의 영원한 고향 텍사스로 돌아온다. 전세계를 무대로 하는 것이 이 사업활동의 가장 신나는 점이라고 그들은 말했다. "지난 25년 간 한달에 평균 일주일씩 세계를 여행할 수 있었어요."라고 진은 말한다.

암웨이 덕분에 미치 살라와 그의 아내 데이르는 아이들과 한 번에 여러 달씩 다른 나라에서 살아 보고 싶었던 오랜 꿈을 이루었다고 한다.

독자들이여. 이 사실을 아는가. 최근 〈USA 투데이〉지와 〈워싱턴 포스트〉지의 조사에 따르면 미국 어린이들이 세계 지리에 대해 너무 무지하다는 사실을.

- 일곱 명 중 한 명은 표시가 되어 있지 않은 지도에서 미국을 찾아 내지 못했다.

- 네 명 중 한 명은 태평양을 찾지 못했다.
- 41%의 어린이가 남아메리카의 서쪽 바다의 이름을 대지 못했다(물론 대서양이다).
- 15%는 브라질이 아프리카 대륙에 있다고 생각했다.

어른은 이보다 더 잘 안다고 누가 장담할 수 있겠는가?

돈도 벌면서 국제적 사업을 키우고, 자녀에게 세상을 보여주고 그들이 세계 시장에 대비토록 할 방법이 있을까? 딱 한 가지 방법이 있다. 바로 암웨이다! 수세기 동안 종교적 민족적 갈등으로 원수가 된 사람들을 하나 되게 도울 방법이 있을까? 디스트리뷰터로 이루어진 '군대'와 화이트보드, 펜, 그리고 암웨이 키트라는 '무기'로 어떻게 이것이 가능할까?

조 로건과 그의 아내 메리에게 한 번 물어 보라. 27년 전 조는 텍사스주 휴스톤시에서 엔지니어로서 아폴로 우주 프로그램에 밤낮으로 매달렸다. "사람을 달에 보내는 일을 도왔죠. 하지만 미래가 보이지 않았어요." 텍사스 인스트루먼트(Texas Instrument)에 있던 한 친구가 조와 메리에게 암웨이를 소개하자마자 그들은 사업에 뛰어들어 16개월 만에 에메랄드 DD가 되었다. 그곳에서 탄탄한 사

업이 뒷받침되자 메리의 고향으로 이주해서 그곳에서 사업을 계속
하기로 결심했다. 그리하여 1973년에 그들은 영국으로 떠났다.

처음엔 커다란 장애물에 부딪혀 고심하였다. 이미 그곳에는 몇몇
파렴치한 업자들이 다이렉트 셀링 회사의 이미지를 나쁘게 만들어
놓았던 것이다. 그러나 포기하지 않고 열심히 노력해서 영국에서도
에메랄드 DD가 되었다. "1977년에 미국으로 돌아왔어요. 두 나라
에서 에메랄드 DD가 된 상태였죠."

"암웨이의 원동력은 자기가 받게 되는 수입이죠." 조는 내게 말했
다. "내 나이 27살에 암웨이에 들어가서 31살에 은퇴했어요. 그 이
후로 재정적 독립을 유지하고 있어요."

암웨이가 그들 부부에게 많은 안정과 기쁨을 주었지만, 아직도
마술 같았던 한 순간이 마음속에 아로 새겨져 있다. "북아일랜드의
다이아몬드 DD들이 자리를 마련해서 우리를 연사로 초청했어요."
조는 내게 말했다. "그 집회는 벨페스트에서 가장 심하게 폭격받은
호텔에서 열렸어요. 그 방안엔 5백 명이 모였는데 그 중 반은 카톨
릭 신자였고 나머지 반은 신교도인 것을 보고 충격을 받았어요. 상
상이 되세요? 그날 그 방에서 암웨이를 알기 위해 한자리에 모인
사람들. 그들은 서로를 전혀 개의치 않았어요. 암웨이는 마술과 같

아요. 서로 다른 배경과 종교를 가지고 수세기 동안 서로를 증오하
던 사람들을 하나 되게 하니까요. 메리와 저에게는 기적적인 순간
이었어요. 우리 둘 다 전율을 느꼈어요."

제8장
한 팀이 되어

암웨이의 사회 기여도
암웨이에 외톨이는 없다
남을 도움으로써 얻는 효과
성공의 필수적 요소
진실한 동반자
이 사업의 핵

제8장

한 팀이 되어

암웨이의 사회 기여도

짐 엘리엇은 나를 당황하게 만들었다. 남부 캘리포니아에 있는 한 호텔 커피숍에서 그를 만나 저녁을 들고 있었을 때 나는 이미 이 책의 초고를 순조롭게 끝낸 상태였기 때문이다.

저녁을 거의 다 먹어 갈 때 나는 이미 쓴 원고의 상당 부분을 찢어 버리고 다시 써야 한다는 사실을 깨달았다.

그 전까지는 암웨이가 철저한 개인주의로 규정된 사업이라고 생각했다. 홀로 서기를 고집하고, 자부심이 강하고, 매우 독립적이며, 풍요로운 물질적 삶과 멋들어진 고립을 즐기는 사업가. 그것이 내가 묘사하려고 했고 확인하려고 한 암웨이의 모습이었다. 물론 그것은 일종의 캐리커쳐였다. 어느 정도 호소력도 있고 여느 캐리

커쳐처럼 약간의 진실이 들어 있는. 그러나 그것은 그저 캐리커쳐
에 지나지 않았다.

암웨이의 많은 사람들이 이러한 성향을 많이 가지고 있는 것도
사실이다. 회사 조직과 정부로부터 독립을 선언하고 삶의 주인이
되겠다는 꿈은 상당히 매력적이다. 그러나 내가 빠뜨린 것은 폴 하
비(Paul Harvey; 미국 라디오 진행자. 그의 '뉴스 앤 코멘트'란
프로그램은 전국에서 애청되는 라디오 방송이다: 옮긴이)의 단골
멘트처럼 '그 이야기의 나머지 부분'이었다. 짐 엘리엇이 그런 나
를 깨우친 것이다. 그는 암웨이 사업을 성공시키는 데 있어서 팀워
크가 얼마나 중요한가를 깨닫게 해주었다. 실제로 자신을 위한 사
업이긴 하지만 이 사업에선 절대 혼자가 아니라는 것을 설명해 주
었다.

다음날 아침, 짐의 팀에서 짐의 지도를 받았던 다이아몬드 DD 한
사람이 내게 말했다. "인생은 팀 경기죠. 암웨이도 마찬가지예요."

처음엔 성공적인 인터내셔널 네트워크 마케팅 연합(INA)의 회장
이자 구심점인 짐 엘리어트를 기업세계의 경쟁에서 도피해서 자유
기업의 틀에 박힌 접근 방식을 적용하려고 애쓰는 사람쯤으로 생각
했다(나처럼 자본주의의 열렬한 지지자마저도 실제 활동하는 사람

들을 부정적으로 싸잡아 생각하기 일쑤다). 짐과 이야기를 나누면서 그런 내 생각이 얼마나 잘못된 것인지를 깨달았다.

"남을 돕는다는 점에서 암웨이에 매료되었어요." 짐은 내게 말했다. "난 러트거스에서 사회사업학 석사를 취득했고 유나이티드 웨이(United Way. 미국 자선단체 중 하나로서 대부분 근로자로부터 돈을 모금해서 여러 다른 자선단체에 배분한다: 옮긴이) 같은 곳에서 열심히 경력을 쌓을 생각이었어요. 그런데 남을 돕는 데 암웨이보다 나은 방법이 없다고 생각했어요."

"생각해 보세요." 그는 말했다. "암웨이는 부모가 자식에게 좋은 모범을 보이도록 만들기 때문에 결속력이 강한 가족을 만들어요. 아이들은 자라서 부모를 돌볼 수 있고 부모는 자녀에게 값진 유산을 남길 수 있죠. 암웨이의 가장 중요한 점은, 다른 사람에게 오래 지속되는 긍정적인 영향을 줄 기회를 제공한다는 것이죠. 다른 사람이 그들의 꿈을 이루도록 도와 줍니다. 그리고 반대로 당신이 꿈을 이루죠. 한 팀이 되어 일하기 때문에 암웨이가 성공하는 거죠."

짐과 그의 아내 샤론은 얼마 전 암웨이에서 일한 지 25주년을 맞았다. 그들 부부는 자신들이 성공하기 위해서가 아니라 남을 돕기 위해 암웨이 일을 시작하였다. 더 나은 사회를 만드는 데 암웨이보다 나은 사회 프로그램, 복지 계획, 또는 자선 사업이 없다.

암웨이에 외톨이는 없다

마흔 세 살된 다이아몬드 DD인 제이 쿠시아는 한때 엘리어트 부부가 제시하는 팀 같은 것은 필요 없다고 생각했다. 모든 것을 혼자 할 생각이었다. "대학에서 유기화학을 전공한 뒤 치과 의사가 되기 위해 의대에 가려고 했어요." 제이는 내게 말했다. "그 삶은 내가 진정으로 원하는 게 아니라는 것을 깨달았죠. 기업 활동에 매료되어 1970년대말에 건설회사에 취직했어요. 1979년에 잔과 결혼했는데 그녀는 부동산 중개인 면허를, 나는 건설업 면허를 가지고 있었기 때문에 멋진 커플이 될 거라고 생각했어요."

"잠깐만요, 제이. 1979년에 이율이 20% 이상 치솟지 않았던가요?" 난 물었다.

"맞아요" 그는 대답했다. "부동산 경기가 최악이었어요. 그 일로 나는 중심을 잃고 방황했어요." 제이는 자기 파괴적인 생활에 빠졌고 마약도 했다. "문자 그대로 밑바닥을 헤맸어요. 바로 그때 클락 브룸이 우리 부부에게 암웨이 플랜을 소개했습니다. 그리고는 8개월만에 내 인생이 바뀌었죠. 암웨이는 제가 찾던 것 그 자체였어요."

거의 그랬다. 하지만 제이는 건설업의 유혹을 거절하지 못했다. 처음 그가 맡은 비닐벽 공사는 꽤 성공적이었다. 제이는 여러 직원을 고용해서 건설업을 하는 한편 아내와의 암웨이 사업도 소홀히 하지 않았다. 그러는 과정에서 암웨이가 건설업과 비교했을 때 얼마나 두통거리가 없는 사업인지를 깨닫기 시작했다. 건설업은 직원 문제, 간접비, 계약 문제, 법 문제, 그리고 소송 문제로 끊임없이 골머리를 썩여야 했다.

그리하여 서른 다섯 살에 건설업을 영영 그만두었다. 그 '은퇴'로부터 딱 한번 외도한 적이 있는데, 바로 잔이 소망하던 그들의 집을 짓는 일이었다!

다이렉트 디스트리뷰터 시스템에 들어가는 것이 자립과 완전히 모순되는 것처럼 보인다는 사실을 제이는 부인하지 않았다. "잊으셨어요? 내가 바로 나만의 사업을 하다가 암웨이에 들어온 사람이잖아요. 다른 사람의 도움이 필요하다는 것을 인정하는 데 오랜 시간이 걸렸어요. 암웨이 안에서 우린 저마다 독특한 개성을 가지죠. 암웨이는 결코 틀에 박힌 것을 요구하지 않아요. 하지만 암웨이는 팀 사업이지 외톨이 사업이 아니에요."

이 전직 '외톨이' 사업가는 이제 암웨이의 역할을 확실히 이해하고 있다. "암웨이는 우리를 보조하고 지원하는 그룹이에요. 엄청난 양의 제품을 이동시킬 수도 있고 내가 아는 전국의 사람들을 암웨이에 연결할 수 있어요. 팀이 줄 수 있는 것은 격려라는 선물이에요. 내가 사업을 소개해 준 사람들은 내게 이렇게 말하죠. '팀에 들어가고 싶어요' 자신을 격려하는 사람들이 주위에 있다면 훌륭한 선생과 리더를 곁에 둔 셈이죠."

제이는 전쟁터나 스포츠 경기 팀에서나 볼 수 있는 생존 정신 같은 것을 자신의 팀에서 발견하였다. "우리 팀에서만은 승리의 시즌이 끝나지 않아요. 일생 동안 계속되죠."

남을 도움으로써 얻는 효과

암웨이에서 성공한 사람들은 하나같이, 제이나 잔과 같은 사람들을 성공하도록 돕는 기술 및 방법을 개발하고 활용하는 것의 중요성을 강조한다. 이것은 결코 우연이 아니다. 암웨이의 주요 독립 조직으로는 덱스터 야거 그룹, 브리트 월드 와이드, 네트워크 21, 인터내셔널 네트워크 어소시에이션, 인터내셔널 커넥션, 월드 와이드 드림빌더, 캐나다의 앙드레& 프랑스와즈 그룹, 독일의 뮤엘러 미어카츠 그룹 등이 있다. 저마다 독특한 특징과 방법론이 있다. 그러나 각 조직은 개인의 성공과 개발 과정이 그를 지원하는 팀에 의해서 극대화된다는 전제를 바탕으로 한다.

"일부 사람은 성공하지 못한다는 것을 암웨이 구성원 전체가 알고 있어요." 인터내셔널 커넥션의 리더인 팻 커프만은 내게 말했다. "지원과 교육으로 암웨이가 어떤 지원을 하는지 알게 되죠. 의존이나 단순한 독립이 아닌 상호의존성과 팀워크가 중요합니다."

팻의 동료 중 한 사람인 브라이언 헤이즈는, 이전에는 어느 회사 조직에서 경영 개발 및 연수 프로그램 개발의 전문가였다. 따라서 이러한 것들은 그가 오랫동안 연구해 온 주제였다. "대부분의 암웨이 사람들이 파트타임으로 일하고 또한 일정한 도움이 필요하기 때문에 어느 정도의 표준화는 필요합니다."그는 내게 말했다. "인터내셔널 커넥션과 같은 그룹은 디스트리뷰터에게 우산 조직(산하에 많은 회원을 거느리고 울타리가 되어 주는)의 개념을 제시하고 교제를 제공합니다. 그리하여 디스트리뷰터들이 보다 효과적으로 암웨이 사업을 키우도록 돕는 거죠."

짐 도넌은 급속히 팽창하는 해외시장 때문에 암웨이의 팀 접근 방식이 더욱 절실해지고 있다고 생각한다. 1990년에 그와 그의 아내 낸시는 '네트워크 21'을 건설하였는데 이것은 미국과 호주의 디스트리뷰터를 위한 연수와 지원 방법을 제공한다. '네트워크 21'의 사명은 효과적으로 네트워크 마케팅 사업을 확장시키도록 돕는 것이다. 이것은 주로 연수 프로그램 제공, 집회 주최, 교재 제공, 상호 접촉, 그리고 각종 상담을 통해 이루어진다.

'네트워크 21'은 그 이후로 전세계에 빠르게 진출했다. 이 그룹은 중국, 인도네시아, 터키 등 다양한 국가에서 활동하고 있다. 그리고 1997년 봄에 필리핀으로 진출하기 위한 초석을 열심히 깔고 있다.

"우리가 우연히 성공했다고는 생각지 않아요." 짐은 내게 말했다. "특정 문화에 속한 사람들을 여기서 훈련시켜서 암웨이의 선교사로 시장에 파견합니다."

"네트워크 21은 세계적 비전을 가지고 있어요. 그것은 국경과 언어를 초월하는 지원방법을 결정합니다."

자카르타의 거리에서 성장하여 암웨이 업라인의 지원으로 성공한 인도네시아의 한 젊은 청년 치피 오스발디의 이야기를 듣노라면, 도넌씨 부부에 대한 그의 깊은 존경심이 음성에서 배어나는 것을 느낄 수 있다. 또한 짐이 그 비전을 순탄하게 실현하고 있음을 확인할 수 있다.

렉스 렌프로는 리치 디보스의 저서 〈더불어 사는 자본주의 (Compassionate Capitalism)〉에서 언급된 팀 지원의 중요성을 거듭 강조하였다. "남을 위해 시간을 내야 합니다. 마음이 내키지 않을 때도 다른 사람의 프리젠테이션을 도운 적이 아주 많아요. 다른 모든 사람들이 시간을 내지 않을 때도 저는 남을 도우러 나갔어요." 라고 렉스는 말했다.

"사람을 돕는 것은 아주 중요해요. 그들에게 관심을 가지고 눈을 들여다보며 이렇게 말하는 거죠. '내가 도와줄게요' 라고 말하는 것은 큰 효과가 있어요."

성공의 필수적 요소

여러 해 동안, 수많은 암웨이 디스트리뷰터들이 엄청난 지원을 받았다. 다른 사람의 성공 사례나 테이프, 책, 그리고 인쇄물을 통해 보고 배운다.

따라서 일부 암웨이 비판자들이 이러한 동기부여용 교재를 공격 대상으로 선택한 것은 아이러니가 아닐 수 없다. 그들은 이렇게 주장한다. "정말 합법적인 사업이라면 제품 판매에만 신경을 쓰지, 교육이나 동기부여 따위에는 관여하지 않을 거다."라는 논리를 펴는 것이다.

그것은 모순된 발상이 아닐 수 없다. 이런 비평가들이 의사, 변호사, 비행기 조종사, 엔지니어, 또는 교사가 되는 데도 터무니없이 비싼 비용과 시간이 든다는 사실에 대해 과연 의문을 제기하는지 궁금하다.

그러면서 네트워크 마케팅 사업을 성공적으로 이끄는 데 있어서 어느 정도의 교육이 필요할 것이라는 것은 왜 무시하고 부정하는 것일까?

암웨이 사업의 천재이자 디스트리뷰터의 교육 교재를 만들자고 처음 아이디어를 낸 덱스터 야거는 대학 문 앞에도 못가본 사람이다. 그러나 그의 조직은 현재 암웨이에서 가장 규모가 큰 것으로 인정받고 있다.

그는 동기부여를 위한 교육 교재를 제작하는 일에 몰두하고 있다. 이 교재는 수천 명의 사람들에게 암웨이를 알리고 성공의 길을 제시해 준다.

눈부신 성공에도 불구하고, 덱스터는 여전히 바쁜 일정 속에서도 짬을 내어 책도 읽고 테이프도 듣는다. 자신의 아내에 관해 그는 이렇게 말한다.

"버디는 한달에 최소한 한 권의 신간을 읽으려고 노력해요. 주로 자기 개발에 관한 책, 용기를 주는 책, 기술 개발 서적, 성공과 조직 원리에 관한 책들이죠. 어쨌든 우린 사업하는 사람들이니까요. 그렇게 노력하는데 성공하지 못하는 게 더 이상하겠죠? 의사는 새 의학 정보에 귀를 활짝 열어야 하고 변호사는 쏟아지는 새로운 판례를 훤히 꿰뚫어야 해요. 목사는 물론 죽는 날까지 성경과 신학을 연구해야 해요. 항상 새로운 정보를 모색해야 한다는 점에서 의욕적인 자본주의자도 예외가 아니죠."

앙드레 블랑샤드는 고교 중퇴생이었다. 그는 현재 암웨이의 '선생' 이다. 그의 가족은 출판사를 운영하는데, 용기와 영감을 불어넣어 주고 지도교재를 출판해서 불어권 국가를 포함한 전세계에 제공한다.

책, 테이프, 그리고 집회는 새 암웨이 디스트리뷰터를 독립적 사업가로 개발하는 데 있어서 철저히 자발적인 요소이며 성공에 있어서 필수 요소이다.

마음의 양식을 몸의 양식에 비유하면서 리치 디보스는 이렇게 말한다. "암웨이인의 정신을 살찌우는 중요한 한 가지 방법은 테이프를 듣고 책을 읽는 것이다."

진실한 동반자

암웨이의 지구력과 유연성을 가능하게 하는 핵심 요소는 디스트리뷰터와 암웨이 회사 간의 긴밀한 동반자 관계이다. "암웨이는 유일하게 디스트리뷰터 주도의 사업이다."라고 북부 캘리포니아의 수석 다이아몬드 DD인 클라크 브룸이 말한다. 사실, 여러 해 동안 암웨이 경영은 디스트리뷰터 리더의 재능과 개성을 십분 활용하면서 그들과 함께 이루어졌다.

때로는 의견을 조정하는 까다로운 작업이다. 디스트리뷰터는 암웨이 직원이 아니지만 암웨이라는 유명 상호를 이용한다. 제품과 사람 모두에 가장 가깝기 때문에 그들은 무엇이 팔리고 무엇이 팔리지 않는지 곧 바로 안다.

디스트리뷰터가 암웨이 회사에 의견을 제시하기 위해 암웨이 디스트리뷰터 어소시에이션(ADA)을 결성하였다. 미시건주 그랜드 래피즈시에 있는 사무실을 본부로 하여 ADA는 주로 30명의 이사회를 통해서 다음과 같은 일을 한다.

- 제품 개발을 포함한 사업 전반에 대해 조언하고 암웨이 회사와 의논한다.
- 필요할 경우, 디스트리뷰터 행동 규범을 검토하고 수정한다.

나는 많은 현직 또는 전직 ADA 이사들에게 그들이 어떤 영향을 미쳤는가에 대해 물어 보았다. 이사회가 회사의 진정한 파트너인가? 아니면 단순한 대외 선전용인가?

그들은 하나같이 암웨이가 그들의 목소리에 귀기울였음을 믿어 의심치 않는다고 말했다.

댄 윌리엄즈는 그가 ADA 이사회 의장으로 재직할 때의 한 순간을 평생 잊지 못할 것이다. "리치 디보스가 내 오른쪽에, 그리고 제이 밴 앤델이 내 왼쪽에 앉아서 회의를 하고 있었어요." 그가 당시를 회상하였다. "그때 누군가 제이에게 쪽지를 가져 오더군요. 그는 내게 살짝 기대더니 나직한 목소리로 '중요한 전화가 왔으니 잠깐 나갔다 와도 되겠느냐'고 진지하게 물었어요. 그건 쇼가 아니었어요. 제이는 진정으로 내게 허락을 구하고 있었던 거예요. 존중의 표시였어요. 우리 이사회와 모든 디스트리뷰터에게는 이것이 매우 중요한 사실입니다. 난 그 순간을 절대 잊지 못합니다."

이 사업의 핵

암웨이는 철저히 팀 경기이다. 클라크 브룸과 그의 아내 다이 아나에게는 그들의 팀이 되어 준 친구와 가족들이 암웨이의 진정한 핵으로서 존재한다는 것을 알고 있다. 클라크는 어릴 적에 캘리포니아주 새크라멘토시에 살면서 편모 밑에서 성장하였다. 아버지는 젊은 나이에 돌아가셨다. 어머니는 혼자 힘으로 여섯 아이들을 돌보느라 온갖 고생을 다 하였다. 클라크도 열심히 일해서 어머니의 짐을 조금이나마 덜어드렸다.

다이아나는 결손 가정에서 성장하였다. 14살 되던 해 그녀는 남부 캘리포니아에서 혼자 살면서 불량배들과 어울리며 술과 마약에 찌들어 살았다. 20살 때 '이것이 아니다'라고 판단 하고는 새크라멘토로 이사하였다. 그곳에서 클라크를 만나 결혼을 하였다.

클라크는 자기 어머니가 하던 부동산 일을 시작했다. 일을 썩 잘했기 때문에 본격적으로 자신의 사무실까지 열었다. 그러나 캘리포니아의 부동산 경기가 순식간에 불황의 늪에 빠지자 브룸씨 가족도 완전히 파산했다.

"빚더미에 앉았어요." 클라크는 당시를 회상한다. "계속 일을 했지만 빚은 눈덩이처럼 불어났어요." 빚에 시달리던 그들은 가정마저 파탄날 위기에 처했다. "암웨이를 처음 소개받았을 때 거의 결혼생활을 포기할 지경이었어요."라고 그녀가 말한다.

"열심히 일했지만 빚을 청산할 수 없었어요. 오로지 내가 원한 것은 남편과 함께 화목한 가족을 되찾는 것이었어요. 우리가 처한 상황에서는 절대 되찾는 것이 불가능하게 느껴졌어요"

친구들이 법원에 파산 신고를 하라고 권했지만 클라크는 그럴 수 없었다. 집을 처분한 그는 어둡고 좁은 셋집으로 이사했다. 거기서 암웨이 사업을 시작했고 마침내 모든 빚을 청산할 수 있었다.

현재, 수석 다이아몬드의 반열에 오른 클라크와 다이아나는 아름다운 집에서 행복한 가정을 이루어 살고 있다. 그러나 암웨이가 가져다 준 물질적 풍요는 한 팀이 된 가족과 친구라는 소중한 재산에 비하면 아무것도 아니다.

"미래의 디스트리뷰터들에게 가장 소중한 것을 설명하기란 힘들 거예요. 그것은 암웨이 사업의 핵심이죠." 클라크는 말한다. "매일 저는 아내, 아이들, 그리고 많은 좋은 친구들에게 둘러싸여 일을 합니다. 특히 우리 조직이 부활절 씰 모금사업에 적극 참여하는 것이 자랑스럽습니다. 이 회사의 일원이라는 것만으로도 행복합니다."

암웨이의 핵을 이루는 것은 바로 친구와 가족이다. 덱스터 야거

가 말했듯이, "사랑은 이 사업을 하나로 연결하는 끈이다." 어쩌면
암웨이의 경험이 예전에 시골에서 상부상조하며 나누던 풋풋한 정
을 다시 되찾을 수 있는 현대적 방법일지도 모른다. 어쩌면 그것은
구성원 한 사람 한 사람이 모두 중요한 그런 '지구촌'을 만드는 한
가지 방법일지도 모른다. 그것이 무엇이든 간에 분명한 사실은, 개
성과 상호 의존성의 절묘한 조화가 매일 수백만의 삶 속에서 실제
로 일어나고 있다는 점이다.

제 9 장
가상 사업 – 현실 수익

꿈의 세계 암웨이 비즈니스
기술로 얻는 자유
자기 방식대로

제9장

가상 사업 – 현실 수익

미국인은 전화를 필요로 하지만 우린 그렇지 않다.

메시지 보이가 남아도니까.

– 영국 우체국장, 1876년

꿈의 세계 암웨이 비즈니스

ㅂ 라이언 헤이즈와 아내 마거리트는 북서쪽 일리노이에 있는 집에서 국제적인 암웨이 사업을 운영한다. 총 직원수는 0.5인이다. 파트타임 비서 한 사람만 쓰고 있으니까.

제리 매도우와 그의 아내 체리는 테네시 카운티의 아름다운 농장에서 트리플 다이아몬드 DD로서 암웨이 사업을 활발히 하고 있다.

브래드 비거트와 그의 아내 체릴은 아이다호에 품위 있는 빅토리

아풍 저택과 농장을 지어 그곳에서 성공적인 암웨이 사업을 크게 하고 있다.

다이아몬드 DD인 스티브 임과 그의 아내 샤나는 비록 뉴욕에 살기는 하지만 지구 건너편의 고국인 한국에서 디스트리뷰터를 모집하고, 동기부여와 교육프로그램을 운영하느라 일로 분주하다.

언제나 그렇듯이 암웨이는 융통성 있는 사업이다. 스케줄이나 생활 스타일에 맞추어서 간접비나 재고가 거의 없이도 사업을 할 수 있다. 암웨이 기회는, 편리한 정보통신 기술과 함께 환상의 커플을 이룬다. 그 어느 때보다도 당신이 어디에 사는지, 어디 출신인지, 장애인인지, 모국어가 무엇인지에 개의치 않는다. 당신의 활동 무대는 바로 전세계이다.

이것을 가상 사업이라고 부를 수도 있을 것이다. 벽이 없는 사무실, 재고 없는 창고, 직원 없는 회사, 자본 없는 자산으로 이루어져 있으니까! 남는 것은 현실적인 수입뿐이다!

SF영화 줄거리냐고? 천만에! 이것은 현실이다. 얼마 전 IBM의 중역인 브렌다 디에트릭 박사가 암웨이 미팅에 참석했을 때, 실제로 13평 남짓한 방에다 전화, 컴퓨터, 프린터, 그리고 모뎀만 갖추면 웬만한 다국적 기업을 설립해서 운영할 수 있다고 그녀는 말했다. 디에트릭 박사에 따르면 세계에서 가장 큰 서점은 진짜 서점이 아니라고 한다. 인터넷의 웹사이트에 있는 한 가상 서점이 '반즈 앤 노블즈'(Barnes & Noble's) 서점보다 훨씬 많은 매출고를 올린다고 한다. 실제로는 재고가 하나도 없는데 말이다!

"요즘 자기 차고에서 사업하는 차고 맨들이 경제를 주도한다."라고 디에트릭 박사는 말한다. 이것은 최근 널리 보급된 첨단 통신기술 덕택이다. 기능은 한층 많아지고 사용은 훨씬 간편해지고 값도 상당히 저렴해졌다.

마이크로 프로세서의 용량은 15~18개월마다 두 배로 증가하는 추세이고 이는 가까운 미래에도 계속될 것이라고 디에트릭 박사는 말한다. 10년 전만 하더라도 복잡한 기능 한두 가지를 수행시키려면 공룡만한 IBM컴퓨터 본체가 필요했는데 그것은 사무실을 꽉 채울 만큼 거대한 컴퓨터였다. 그러나 얄팍한 '노트북'이 등장하여 똑같은 기능을 훨씬 간편하게 수행하는 것을 보고 입을 다물지 못한다.

운송업에도 몸담은 적이 있는 나는 이러한 기술이 운송업에 미치는 엄청난 영향을 실제로 목격했다. 사실 운송업은 현대적 산업과는 거리가 먼 것처럼 인식되어 왔다. 그러나 기술혁명으로 미래의

운송업은 트럭 운전대에 랩탑 컴퓨터와 휴대폰을 가진 사람이 주도
할 것이라고 한 운송업계 중역이 말한다. 이러한 장비와 자기 트럭
만 있으면 운송회사를 차릴 수 있게 될 것이다.

운송업자와 제조업자가 공급 망에서 비효율적인 유통 단계를 줄
여 감에 따라 트럭은 '굴러가는 창고'가 되어 가고 있다. 운송 스케
줄을 조정하고 물류 흐름을 파악하기 위해서는 보다 신뢰할 수 있
는 기술 장비의 개발이 급선무다. 사실, 내년부터는 화물에 바코드
표시와 트럭 위치의 위성 추적이 일반화될 것이다. 이에 따라 종래
의 재래식 운송회사도 완전 서비스 원칙의 로지스틱스를 갖춘 수송
서비스 전문업체로 변신할 것이다.

기술로 얻는 자유

비교적 저렴하고 사용이 편리한 통신 기술의 발달이 암웨이와
잘 어울릴지 미심쩍어하는 사람이 있다. 사실, 암웨이는 인
간 관계로 이루어진 사업이다. 기술이 간단히 대체할 수 없는 개인
적 접촉을 요하는 사람에 의한 사업이다.

물론 기술이 암웨이를 자극하고 변화시킨다는 사실은 부인할 수
없다. 이는 기술이 일상생활을 자극하고 변화시키는 것과 마찬가지

이다. 그러나 암웨이를 퇴물로 만들기는커녕, 오히려 정보 통신의 혁명으로 암웨이와 다이렉트 셀링업에 가공할 만한 추진력을 제공하여 전례 없는 성장을 낳았다.

왜냐하면 기술 발전은 개인에게 막강한 힘을 주기 때문이다. 자립의 도구인 것이다. 자신을 위해 전에는 하지 못했던 일을 이제 할 수 있다. 가상 사업을 키워서 돈을 벌 수 있다. 그리하여 정부나 기업에 대한 의존으로부터 자유로워질 수 있다.

최근 〈석세스〉지에 개재된 한 기사는 기업 활동과 기술의 결합을 이렇게 요약한다.

다단계 마케팅이 TV광고, 상점, 재고, 중간상인의 한계를 초월하여 새로운 시장을 형성하고, 기존의 소매시장을 시대에 뒤떨어진 퇴물로 만드는 힘을 가지고 있다. 이러한 힘은 현대 기술(전산화된 장부 및 통신)이 전통적인 대화의 미학과 '결합' 되어 발생한다.

이 '결합' 은 암웨이와 다이렉트 셀링업 전체에 대해 촉매 역할을 하였다. 워싱턴 D.C. 주재 다이렉트 셀링 연합(DSA)의 회장인 닐 오펜은 개인이 고객과 다운라인 디스트리뷰터의 네트워크를 보다

용이하게 확대할 수 있게 됨에 따라 다이렉트 셀링의 활동 범위도 무한대로 커졌다고 말했다. 미국에서만 7백 50만 명 이상이 다이렉트 셀링업에 종사하여 연간 매출액이 1백 80억 달러에 이른다. 세계적으로는 중국을 제외하고 약 2천만의 인구가 이 사업에 종사하고 있다.

네트워크 마케팅의 세계적 권위자인 리처드 포는 기술과 다이렉트 셀링이 완벽한 결합을 이루어서 완전히 새로운 시대를 가져올 것이라고 확신한다. 그는 이것을 '제3 물결'이라 부른다.

그의 베스트 셀러인 〈제3 물결 Ⅰ : 네트워크 마케팅의 새 시대(원제:The New Era in Network Marketing)〉에서 그는 제이 밴 앤델과 리치 디보스를 판매와 사업의 접근 방식을 혁신시킨 선구자로 묘사하고 있다. 이 사업은 신 기술과 접목되어 새로운 지평을 열고 있다. 포는 또한, 거의 좌절한 사람들을 일으켜 세워 성공 케이스로 만들기 때문에 기술이 디스트리뷰터 보유율을 높인다고 생각한다. "가장 앞서가는 네트워크 마케팅 회사는 무엇보다도 편리함을 강조한다. 컴퓨터, 관리 시스템, 그리고 최첨단 통신 기술을 활용해서 디스트리뷰터의 생활을 가능한 한 편리하게 만든다."

성공적인 네트워크 마케팅 회사는 신 기술은 계속 도입하고 있다고 포는 보고한다.

3자 통화, 화상회의, 그리고 '드롭쉬핑'(컴퓨터화되고 자동화된 생산자 직송)이 오늘날 네트워크 마케터의 기본 도구가 되었다. 팩스 송수신과 음성 사서함 시스템으로 디스트리뷰터가 지시 사항을 직접 다운라인 개개인에게 전달할 수 있게 되었다. 우송해야 하는 수천 개의 이름을 개인용 컴퓨터로 순식간에 봉투에 인쇄할 수 있다. 세계로 진출하고 싶은가? 물결 3에 해당하는 회사는 모든 고객, 세금, 환전 업무, 그리고 기타 국제 사업상 문제를 도맡아서 해결한다. 그냥 들어가서 돈을 벌면 된다.

〈업라인〉의 편집자인 존 포그는 다이렉트 셀링업을 시작할 때 기술력을 이렇게 요약한다. "각종 도구와 기술 덕분에 가장 비구체적인 문제에도 집중할 수 있다. 그것은 바로 대인관계이다. 우리가 할 일은 사람을 개발하고 그들이 자기 사업을 성장시킬 수 있도록 지원하는 것이다."

암웨이가 그토록 육성하려고 노력한 고객과 디스트리뷰터 네트워크는 어떠한가? 어려운 인터넷 마케팅 때문에 상당 부분 잃어야 하는가? 흥미로운 사실은, 암웨이 디스트리뷰터 연합이 최근에 행동 규범을 수정해서 디스트리뷰터가 인터넷상에서 암웨이 제품을 광고 하거나 판매하는 것을 금지시켰다는 점이다. 암웨이는 오로지 현지 광고만 허용한다. 암웨이는 인터넷을 기성 소매망으로 간주하기 때 문이다. 암웨이 제품은 소매망으로 판매되지 않는다. 현실 제품이 든 가상 제품이든지 간에.

인터넷상에서의 다이렉트 셀링을 금지하긴 하였지만 디스트리뷰 터 개개인이 사업을 키우고 보다 낫고 신속한 고객 서비스 제공을 돕는 기술적 기초 시설을 제공하기 위해 발빠르게 움직이고 있다. 디스트리뷰터는 회계와 주문 상황에 관해 자동화된 음성 보고서에 접근할 수 있다. 개인 쇼핑 카탈로그를 보고 상품을 주문하는 고객 은 중앙화된 번호로 전화나 팩스를 보낸다. 그러면 디스트리뷰터는 그 판매에 대한 PV와 BV 점수를 받게 된다!

1995년에 암웨이는 CD롬에 실린 최초의 카탈로그를 시장 조사 했다. 이 CD롬으로 해서 디스트리뷰터가 그들의 고객을 대신해서 1천 가지 이상의 상품과 서비스를 전자로 주문할 수 있게 되었다. "자세한 상품정보를 주고받고, 우리 디스트리뷰터를 더욱 생산적이 고 성공적으로 만드는 데 멀티미디어 기술이 획기적인 방법이라고 생각합니다."라고 한 암웨이 관리가 말했다. "CD롬 카탈로그에 삽입된 설명서, 그래픽, 비디오, 그리고 사운드는 제품에 생명을 불어넣습니다. 더 중요한 것은, 카탈로그를 사용하기 쉽게 인터페이스가 디자인되었다는 것입니다. 컴퓨터 초보자도 쉽게 이용할 수 있어요."

디스트리뷰터의 상품 판매를 돕는 것은 암웨이에서의 기술 효용성 중 한 가지에 불과하다. 암웨이 디스트리뷰터를 교육하고 동기를 부여하는 데 활용되는 것이 아주 중요한 기능이다. 네트워크 21, 인터내셔널 네트워킹 연합, 인터내셔널 드림빌더, 인터내셔널 코넥션, 덱스터 야거 그룹, 월드 와이드 드림빌더, 브릿 월드 와이드 등 주요 암웨이 지원 시스템들은 하나같이 최첨단 기술을 활용해서 전세계에 성공적인 동기부여 방법과 교육방법을 제공한다.

자기 방식대로

대인 관계를 토대로 일어선 사업이 기술 혁명의 비인간적 세계에서 계속 성공할 수 있을까? 물론이다. 암웨이 디스트리뷰터는 이러한 기술을 놀라운 방식으로 활용하고 있다. 그들은 네트워크의 지리적 범위를 초월하고 있다. 다운라인을 교육시키고 동기부여함으로써 훨씬 효과적인 업무를 수행하고 있다. 그들은 놀라운 속도와 효율성으로 세계 구석구석으로 진출하고 있다. 그리하여 수만 명에게 성공의 기회를 안겨다 주고 있다. 그들은 이 모든 일을 해내고 있다. 그것도 가족 곁에서 자기 집 지하실이나 창고에서 자기방식대로 살아가면서.

제10장
회의적인 사람과의 대화

목표 설정이 성공의 지름길
암웨이는 피라미드 조직?
암웨이에겐 내가 과분해!
비누나 팔고 싶진 않아!
암웨이 플랜의 기본 원칙
자립의 기회를 잡을 것
성공자의 이야기가 동기부여의 원천
암웨이의 윤리강령
암웨이는 종교 단체가 아니다

제10장

회의적인 사람과의 대화

온갖 변명을 늘어놓죠. 너무 어리거나 너무 늙었다고.
또 교육을 너무 많이 받았거나 너무 못 받았다고.
암웨이는 오로지 밀고 나갈 의지가 있는 사람만을 위해 일합니다.

– 암웨이 수석 다이아몬드 DD
빌리 플로렌스와 그의 아내 페기

목표 설정이 성공의 지름길

한 가지 형태로 직장 생활을 하는 동안 매스컴을 상대한 적이
있다. 매스컴의 온갖 냉소주의, 회의주의, 비관주의를 접해
보았다. 이것들은 매스컴 상술의 도구인 것이다.

매스컴에 긍정적인 이미지를 투사하려고 기를 쓰는 정치인들 밑

에서 일해 본 나는 매스컴과 정치인들 간의 미묘한 신경전을 목격했고 그 일에 직접 관여하기도 했다. 정치인은 온갖 메시지를 늘어놓고 그 중 하나를 언론이 집어가길 바란다. 자신의 좋은 이미지를 언론에 투영시키려고 혈안이 되어 있다. 일종의 권력 게임이다.

내가 만나 본 암웨이 디스트리뷰터들은 이러한 게임 속에서 암웨이가 갖은 비판을 당하는 데 대해 속상해했고 좌절감을 느꼈다. 그들은 기회가 닿는 한 많이 부정적인 견해를 가진 사람들을 대화로 설득했다.

사실, 사람들이 암웨이에 참여하지 않거나 또는 그랬다가 그만두는 데에는 여러 가지 이유가 있다. 여러 해 동안, 암웨이로 성공하지 못한 사람들에 대해 누가 책임이 있는가에 관해서 네트워크 마케팅의 분석가와 비평가들뿐만 아니라 현직 그리고 전직 암웨이 디스트리뷰터 간에 활발한 논의가 있었다.

만일 당신이 경영직에 있어본 적이 있거나 채용(그리고 해고) 결정을 내려야 한 적이 있다면, 가끔씩 드러나는 잘못된 고용이 그 누구의 잘못도 아니라는 사실을 아마 인정할 것이다. 회사의 책임도 아니고 적절치 않게 고용된 사람의 책임도 아니다. 단지 서로가 맞지 않은 것뿐이다.

암웨이가 모든 사람에게 맞지는 않을 것이다. 개인의 최우선 과제나 환경 때문에 암웨이나 다른 다이렉트 셀링 사업에 충분한 시간을 할애할 수 없다면, 성공할 수 없는 것이다. 그렇다고 암웨이로부터 부당한 대우를 받게 된다거나 자신이 열등한 인간이라는 의미가 아니다! 단지, 서로의 목표가 다를 뿐이다.

요즘은 정보를 손쉽게 얻을 수 있고 모든 사람이 각기 다른 입장과 견해를 가지고 있다. 그러나 자기 가족의 경제적 미래에 대해 중대 결정을 내리려는 사람은 빈틈없는 정보 수집과 목표 수정이 반드시 필요하다. 그러한 목표 수정에 암웨이를 포함시키자.

암웨이는 피라미드 조직?

앞서 언급한 대로, 내가 맞닥뜨린 암웨이에 대한 부정적 견해는 대부분 내가 이 책을 쓴다니까 염려해 준 직장동료들로부터 나왔다. 한 친구는 이렇게 잘라 말했다. "암웨이? 그거 피라미든데!"

나는 아무것도 모르는 척하고 물었다. "그래? 피라미드가 뭔데?"

"아 그거? 음. 글쎄…잘 모르겠는데. 확실하진 않지만 암웨이가 사기 조직이고 벌써 당한 사람이 많다는 소리만 들었어."

이런 생각을 가진 사람들은 실제로 피라미드가 무엇인지 모른다.

그냥 그게 나쁜 것이고 암웨이가 그런 피라미드의 종류라고만 들은 것이다. 그리고는 암웨이와 다른 네트워크 마케팅 회사가 그저 합법적 회사의 탈을 쓴 사기 조직에 지나지 않는다고 함부로 말한다.

그러나 사실은 다음과 같다.

법마다 해석이 다르겠지만, 피라미드 조직은 대개 디스트리뷰터로 가입하기 위해 돈을 지불하는 것을 말한다. 새로운 디스트리뷰터는 자기 위의 디스트리뷰터로부터 상당량의 제품을 사야 하고(이것은 '프론트로딩' 또는 초기 이익 배분이라 불리는 불법 행위이다) 반품시키거나 환불받을 수 없다. 고객에게 제품을 공급하는 것에는 신경을 쓰지 않는다. 가장 핵심적인 사항은, 얼마나 많은 디스트리뷰터를 가입시키느냐이다. 그리고 디스트리뷰터들은 서로 먹고 먹히는 관계이다. 큰 고기들이 아래 단계의 피래미들을 갈취하는 것이다.

1979년에 암웨이를 포함한 직접판매 업계 전체가 피라미드 조직인지 여부를 심사받았다. 그 결과 '연방무역위원회(FTC)'는 암웨이가 합법적인 회사이고 피라미드가 아니라고 판정했다.

암웨이 디스트리뷰터들이 자신의 다운라인 디스트리뷰터를 모집하는 데 상당한 시간을 할애하고 있긴 하지만 결국 암웨이는 제품을 실제 소비자에게 판매하는 사업을 핵심으로 하기 때문에 그 심사를 통과할 수 있었던 것이다. 암웨이는 자기 꼬리를 잡아먹는 동화 속의 뱀과는 다르다. 암웨이는 국제적 제조, 유통, 그리고 판매를 최우선 목표로 하는 기업으로서 전세계에서 제품을 만들고 운송하고 판매하고 있다. 게다가 암웨이는 프론트로딩으로 오해받을 원인을 철저히 배제했다. 새 회원에게 요구되는 단 한가지 투자는 1백 35달러 짜리 '암웨이 판매 및 제품 키트' 뿐이다.

불법 '피라미드' 인지 여부를 심사하는 한 가지 기준은 단순히 디스트리뷰터를 가입시킨 것에 대해 대가를 받았느냐 하는 것이다. 암웨이에는 일체 그런 일이 없다.

의문이 제기된 후 연방무역위원회의 판정만으로도 충분히 무고한 혐의를 벗었다. 그렇다면, 암웨이가 그토록 깨끗한데 왜 이런 문제가 제기되었을까? 왜 이런 혐의를 쉽게 떨쳐 버리지 못하는가?

리처드 포는 그의 저서 〈제3 물결 I 네트워크 마케팅의 새 시대〉에서, 이 의문에 대한 가장 적절한 답변을 제시하였다.

새로운 아이디어는 언제나 처음엔 공격당하고 배척된다. 프랜차이즈도 그랬다. 처음엔 온갖 수모를 언론과 재계로부터 당했다.

그것도 거의 비슷한 이유로……

언론은 마치 굶주린 하이에나 무리처럼 달려들었다. 엑스포제(Exposes, 쇼킹한 사건을 주로 다루는 공보물)는 프랜차이즈로 평생 저축을 날리고 절망에 빠진 사람들을 소개했다. 지방 검사들은 하나같이 이 새로운 마케팅 방식을 집중 공격했다. 일부 의회 의원들은 실제로 프랜차이즈 전체를 법으로 금지하려는 시도를 하기도 했다.

세상은 빨리도 변한다! 현재, 프랜차이즈는 미국 내 소매업의 35%를 차지하고 있다.

암웨이는 더 이상 새로운 것도, 검증받지 않은 미심쩍은 것도 아니다. 그러나 암웨이의 엄청난 영향은 날이 갈수록 기하학적으로 커지고 있다. 다른 기업이나 마케팅 회사들이 암웨이를 몰아내고 싶어하는 데는 시장 경쟁적 이유가 있다. 정부 규제 담당자, 거대 정부 지지자, 그리고 일부 사회 운동가들 같은 기득권 세력은 수백만의 시민이 자립해서 스스로 생각하고 행동한다는 이 발상을 좋아하지 않는다.

그러나 여전히 암웨이에 대해 부정적인 사람들은 자기 삶 자체에 대해 부정적인 사람이다. 그들은 습관의 덫에 갇혀 버린 사람들이다. 출구가 보이지 않는 사람들이다. 그러한 출구를 모색하는 사람을 헐뜯어야 자신의 무능력을 정당화시킬 수 있다. 따라서 그들은 끊임없이 의심하고 중상 모략하고 동시에 문제를 제기하고 기업 활동을 방해한다. 그들은 이렇게 외친다. "괜히 애쓰지 마. 어차피 성공할 수 없어. 암웨이 플랜은 사기야. 정신차려!"

암웨이와 인생에 대해 이야기하는 암웨이 크라운 앰배서더 DD인 샤린 웨브의 말은 새겨들을 만하다. "당신이 할 수 있는 유일한 실수는 중도에서 포기하는 겁니다."

암웨이에겐 내가 과분해!

역사상 오랜 전통을 자랑하지만 여전히 영업은 천대받는 일이다. 언뜻 듣기엔 그럴 듯한 직업을 가졌지만 수입이 그저 그런 사람들이 이런 태도를 많이 보인다. 실제로, 이 책을 쓰면서 이러한 암웨이에 대해 천시하는 '태도'와 많이 만났다. 가장 신랄한 비판을 퍼붓는 사람들은 주로 자신의 직업적 안정과 새로운 모험의 기회를 맞바꾼 사람들이었다. 전직 시공무원이자 현재 크라운 앰배서더 DD인 빌 브리트는 이렇게 말한다. "당시에는 공무원 지위를 즐겼어요. 보기에 근사했거든요. 하지만 실속이 없었죠."

소위 말하는 여피족은 애써 가꾸어 온 그들의 사무직 엘리트적 이미지가 암웨이 사업과는 걸맞지 않는다고 생각한다. 그들은 자기 자유를 희생해서라도 직함, 지위와 신분을 원한다. "난 무슨 무슨 대기업의 중역이야." "난 무슨 무슨 법률회사의 변호사야." "난 누구 누구 상원의원 밑에서 일해."라고 말함으로써 자기 정체성을 찾으려고 애쓴다. 이런 여피족들은 일부 암웨이 디스트리뷰터가 멋진 옷을 차려입고 세계의 온갖 진미를 즐기면서 특등실로 여행하고 비싼 차와 보트를 사기 위한 물질적 목표를 드러내고 추구한다고 흉을 본다. 인정하진 않지만 그들 대부분도 그 같은 생활을 누릴 것을 갈망한다.

물론 그들은 단지 영업이라는 이유 때문에 자신이 그은 선을 넘지 못하고 끙끙 앓고 있는 것이다. 리치 디보스의 저서 〈믿음(Believe!)〉에서처럼 그러한 갈등이 리치에게는 없었다.

나의 특기는 언제나 영업이었다. 평생 영업에 몸담았고 남들이

영업처럼 좋은 직업을 깔보는 것을 보면 놀랄 따름이다. 전에 남들
은 내게 이렇게 말했다. "아 암웨이! 그거 다이렉트 셀링회사죠?"
그러면 나는 "물론이죠! 개인 서비스업입니다. 이 서비스가 하도
히트를 쳐서 고객이 줄을 설 정도죠."

영업 전체와 특히 암웨이를 색안경을 끼고 무시한 적이 있는가?
나도 한때는 그랬다.

앞서 인정했다시피, 나는 영업하는 데 소질이 없었다. 내가 가장
힘들었던 때는, 고급 공무원 노릇을 그만두고 전문 서비스를 파는
컨설팅 회사 운영을 시작했을 때였다. 수년 간 거물들이 내 문에
노크하는 쾌감을 즐기다가 갑자기 내가 그들의 문에 노크하게 된
것이다. 아무런 직함이나 지위나 영향력 없이. 그것은 추락처럼 느
껴졌다. 1년도 안 되어 난 공무원직으로 엉거주춤 되돌아왔다. 당
시에는 사업 실패가 타인과 환경 때문이었다고 생각했다. 그러나
그 실패의 가장 큰 요인은 바로 나 자신의 태도였다는 사실을 나중
에 깨달았다. 아는 사람과 동료에게 서비스를 파는 것이 쑥스러웠
던 것이다. 거절당하는 것이 두려웠던 것이다. 만약 내가 처음부터
암웨이 사업에 적극 참여했더라면 그 컨설팅 사업에서 성공할 수

있었을까? 물어 보나마나다!

　지위에는 두 가지 종류가 있다. 현재 리치 디보스와 그의 가족은 올란도 매직 야구팀의 구단주이다. 노스 캐롤라이나에는 빌 브리트의 이름을 딴 광장이 있다. 그리고 크라운 앰배서더 DD인 덱스터 야거는 노스웨스트 침례교 대학으로부터 명예박사 학위를 수여받았다. 그러나 조용한 지위도 있다. 그것은 상사 없이 집에서 일하는 것, 자녀를 오후에 학교에서 데려오는 것, 그리고 부모님을 하와이로 효도관광 보내드리는 것 등이다. 이것이 암웨이 사업을 조용히 키워 나가는 많은 사람들이 만족시키는 지위이다. 심지어 당신의 이웃에서도.

　리처드 포는 머지 않은 미래를 이렇게 예언했다.

　당신은 미국에서 네트워크 마케터가 되기를 거부하는 최후의 사람이다. 모든 이웃이 그것을 하고 있다. 모든 친구, 친척, 그리고 직장 동료들이 그것을 하고 있다. 유독 당신만 빼고……
　"흥, 두고 봐라. 네트워크 마케터는 죽어도 안 될 테다."
　그러나 마음속 깊은 곳에서는 그것이 시간문제라는 것을 누구보다도 잘 알고 있다.

비누나 팔고 싶진 않아!

암웨이를 거의 모르고 알려고도, 하지 않는 사람들이 암웨이 디스트리뷰터를 비누 파는 사람들쯤으로 오해하는 것을 보면 놀랄 따름이다.

엘오씨 다목적 합성세제는 암웨이 제품 1호인 것은 물론이고 아직도 최고의 인기와 장수를 누리는 상품이다. 그러나 요즘 성공한 암웨이 디스트리뷰터는 건물 없이 가상 백화점을 운영한다. 상상을 초월하는 다양한 상품 및 서비스가 제공된다. 총 1천 2백여 개 회사에서 6천 5백여 종의 상품을 제공한다.

암웨이 상표를 단 수백 개의 제품들 중 대부분이 암웨이 자체 시설에서 제조되고, 환경보호에 관심을 가지는 공정과 포장을 거친다. 제품으로는 가정 주방용품, 퍼스널 케어 용품, 아티스트리 화장품, 그리고 뉴트리라이트 보조식품과 암웨이 워터 트리트먼트 시스템이 있다. 심지어 자녀 교육용 책과 CD롬도 있다. 암웨이 카탈로그 모음이 있는데 여기엔 암웨이 가정용품, 사무용품, 건강용품, 의류, 그리고 식품류가 소개된다. 심지어 신선한 중서부 스테이크도 집까지 배달받을 수 있다!

아마 가장 두드러진 개발 상품은 서비스 부문일 것이다. 암웨이 디스트리뷰터는 고객에게 MCI 장거리 전화 서비스, 비자카드 회원 가입, 음성 사서함, 여행 계획, 그리고 자동차 응급사태 도로 지원 등과 같은 서비스를 제공하고 있다.

서비스 부문에 대한 암웨이 진출과 카탈로그 제공은 여러 가지 이유로 중요하다.

첫째, 광범위한 제품과 서비스가 있다는 것은 디스트리뷰터가 고객에게 풀서비스를 제공할 수 있다는 것을 의미한다.

둘째, 디스트리뷰터는 다양한 생활필수품과 고급품을 할인된 가격으로 구입할 수 있다.

셋째, 제품과 서비스 종류의 확대로 잠재적인 디스트리뷰터의 수가 증가한다. 예를 들어 은행이나 전화국의 직원은 아티스트리 화장품이나 뉴트리라이트 보조식품을 판매하는 일은 내키지 않다가도, 비자카드나 MCI 장거리 전화 가입을 판매하는 일은 쌍수를 들고 환영할 수 있다.

넷째, 암웨이가 몇몇 미국의 유수한 기업들과 손을 잡았다는 사실은, 다이렉트 셀링이 시대적 흐름이라는 사실을 이러한 기업들이 인정한다는 증거이다.

암웨이 플랜의 기본 원칙

다이렉트 셀링으로 큰 돈을 벌지 못했다고 불평하는 사람이 있다. 어떤 회사를 비난하고 누군를 비난한다. 암웨이는 벼락 부자가 되게 하는 회사가 아니다. 그렇다고 주장한 적도 없다.

암웨이 플랜의 기본 원칙을 제시하는 암웨이 교재는 누가 어느 정도로 성공했는지 구체적으로 밝힌다. 사실 암웨이 디스트리뷰터 대부분이 상당한 수입을 올리는 것은 아니다. 낮은 가입비를 고려해 볼 때, 암웨이 키트를 산 많은 사람들이 암웨이 참여를 진지한 사업 기회로 생각하는지 그렇지 않으면 심심풀이 취미나 할인가격으로 제품을 살 수 있는 기회쯤으로 생각하는지 의심스럽다. 작은 목적으로 암웨이에 가입했다고 탓할 것도 없다. 어느 정도 시도했지만 성공하지 못하는 사람은 늘 있게 마련이다. 그것이 현실이다.

그러나 매달 간행되는 암웨이 사보 〈아마그램〉에는 수백 명의 디스트리뷰터 명단이 실린다. 이들은 다이렉트 디스트리뷰터나 그 윗단계에 오른 사람들이다.

나는 〈아마그램〉에 실린 새 다이렉트 디스트리뷰터들의 사진을 볼 때마다 그들의 직업이나 배경 등의 공통점이 무엇인지 찾지만 실패한다. 부부도 있고 미혼도 있다. 인종도 다양하다. 직업 중에는 의사, 변호사, 교사, 공장 노동자, 회사 중역, 공무원, 농사꾼, 컴퓨터 프로그래머 등등이 있다. 그것은 그들이 목표를 세우기 때문에 성공하는 것이다. 그들은 성공하고자 하는 내면의 의지를 발견하고, 거절 공포증을 극복하는 길을 발견하였다.

그러면 그렇게 할 가치가 있는가? 난 그 질문에 답할 수 없다. 6장에서 언급한 대로, 당신이 성공의 의미를 무엇으로 두느냐에 달린 문제이다. 암웨이의 모든 가치를 돈으로 환산할 수는 없다. 암웨이 사업을 함으로써 개인이 엄청나게 성장할 수 있다. 정계 및 재계 인사들의 연설을 많이 들었던 연설문 작가였던 나는, 많은 암웨이인들의 연설을 보고 그들의 탁월한 연설에 탄복했다. 과거엔 무대 공포증으로 마이크도 잡지 못할 정도였었다고 고백하지만 지금은 편안하게 단상에서 수백 혹은 수천 명의 사람들 앞에 설 수 있게 된 것이다. 그들은 내가 수년 간 겪어 본 어떤 전문 리더들보다 훨씬 훌륭한 연설을 한다.

이러한 개인적 변신에 있어서 크라운 앰배서더 DD인 댄 윌리엄즈가 좋은 예이다. 그는 평생 말더듬이로 고생했다. 그런데 암웨이에서 성공하겠다는 강한 욕망이 이 장애를 극복하게 했다. 현재, 그는 암웨이에서 가장 뛰어난 연설가 중 한 사람으로 꼽힌다. 이러한 결실을 어떻게 돈으로 환산할 수 있겠는가?

대학에 다닐 때 나는 식당에서 일을 했는데, 한 달에 2백 달러씩 번 돈으로 책값과 수업료를 사용했다. 돌이켜보니, 돈을 더 벌지 못했더라도 암웨이 일을 했었더라면 좋았을 거라는 생각을 해본다. 그랬다면 자기 사업을 경영하는 데 필수적인 기술을 배웠을 것이다. 이것은 식탁을 닦는 것보다 훨씬 가치 있는 기술이다.

만약 당신이 맞벌이 부부 중 한 사람이고 당신의 배우자는 주 40시간씩 직장에서 일한다고 가정해 보자. 당신은 일년에 3만 달러를 벌지만 탁아비로 수천 달러를 지출한다. 그러면서도 아이를 잘 맡긴 것인지 항상 불안하다. 시간을 내서 암웨이 일을 한다고 가정해 보자. 물론 약간의 희생도 따른다. 하지만 이제 집에서 일하게 되었다. 아이를 돌보며 집에 있는 것이다. 이제 탁아비로 돈을 쓰지 않아도 된다. 새로운 사람도 만나고 많은 것을 배운다. 10년이나 일한 옛날 직장과는 달리 이제 돈도 훨씬 많이 벌고, 진정한 성장의 기회가 주어졌다.

아니면 당신이 큰 병원에서 일하는 의사라고 하자. 자기 병원을 운영할 때는 보람도 있었지만 이젠 일개 직원에 불과하고 봉급도 전보다 많지 않다. 조기 퇴직을 꿈꾸지만 그럴 여유가 없다. 이때 암웨이 사업을 시작했는데 봉급의 일부나 전부를 충당할 수 있는 기회를 얻었다. 가능하다. 정형외과 의사이며 다이아몬드 DD인 클레이톤 오버톤은 일찍 은퇴하여 아프리카 환자에게 의료 봉사할 계획을 세우고 있다. 꿈은 실현될 수 있고 실현된다!

우리 각자는 자신의 상황과 우선 목표를 암웨이 성공 가능성에 비추어 점검해야 한다. 그리고 그 가치를 각자 판단해야 한다. 그러나 암웨이에서 상당한 수입을 벌 기회는 요원하다고 반복해서 주장하는 것은 헛소리이다.

한 암웨이 디스트리뷰터는 이렇게 말한다. "암웨이 마케팅 플랜은 큰 성과를 거두고 있어요. 더 이상 다른 사람 밑에서 일할 필요가 없어요. 나 자신을 포함한 많은 사람들이 상당한 수입을 벌고 있어요. 인생에서 다른 많은 것처럼 끈질기게 노력하면 충분히 결실을 거둘 수 있어요."

자립의 기회를 잡을 것

만일 풀타임 수입을 대신하는 것을 성공으로 정의 내린다면, 부수입과 개인 재산을 합쳤을 때 어떤 효과가 있을지를 내다보지 못하는 것이다. 예를 들어, 한 달에 1천 달러를 벌어서 5백 달러씩 20년 간 보존 상호 기금(암웨이에 이런 것도 있다)에 투자한다면, 유례 없는 주가의 상승세로 수십만 달러 상당의 자산이 생긴다. 30년이 지나면 백만장자가 되는 것이다! 건전한 원칙만 지킨다면 파트타임 암웨이 수입이 노다지로 변할 것이다.

그 황금 달걀 같은 수익으로 무엇을 할 수 있을까?

- 65세가 아닌 55세에 퇴직하겠는가?
- 한 번도 못해 본 여행을 하겠는가?
- 살고 싶은 집에서 살아 보겠는가?
- 자식이나 손자를 대학에 보내겠는가?

이들 대신 한 달에 1천 달러씩 자녀의 사립학교 등록금이나 보다 나은 건강 보호 계획에 쓸 수도 있다. 아니면 당신의 배우자가 주 근무시간을 10시간 줄이고 집에서 아이들과 시간을 보낼 수도 있다. 이것도 일종의 '자립'인 것이다. 혹은 내년에 당신이 실직될 수 있다.

그러나 아직 당신에게는 상당한 암웨이 수입이 있다. 그리고 당신이 은퇴할 때까지 성장하고 확대시킬 사업이 있다.

자립, 그것은 선택의 문제이다.

성공자의 이야기가 동기부여의 원천

암웨이처럼 싸게 사업을 시작할 수 있는 기회도 드물다. 처음에 드는 비용은 오로지 암웨이 키트이다. 이것은 새 디스트리뷰터에게 1백 35달러에 팔린다.

성공하는 것은 별도의 문제이다. 우리 대부분은 교육을 높이 평가한다. 우리 자신이나 자식의 교육을 위해서라면 희생도 하고, 빚도 지고, 또는 평생 저축한 돈을 지출하기도 한다. 그렇다면 암웨이에서 성공하는 데 필요한 동기부여 지침과 교육을 위해 비교적 적은 돈을 쓰는것에 대해서는 왜 비평가들이 고개를 저으며 비난하는 것일까?

어떤 교육이 너무 비싼 교육인가? 새 디스트리뷰터가 선배의 경험에서 배우고 동기를 부여받는 데 필요한 교재를 적절한 가격에 사도록 하는 것이 무리한 요구인가?

암웨이 판매 및 마케팅 플랜은 그것을 이렇게 명기한다. "사업이 성장하기 시작하면 교육 교재를 필요로 할 것이다. 동기부여 집회에도 참석하고 싶을 것이다. 이러한 것들은 선택적이고 결정은 당신에게 달렸다."

내 개인적 견해는 이러하다. 내가 암웨이를 완전히 이해하려고 노력하면서 발견한 사실은, 암웨이 제품의 품질이 아무리 뛰어나더라도 일단 성공한 디스트리뷰터들의 연설이나 테이프를 귀기울여 듣기 전까지는 이 사업의 기회의 범위나 성취 정도를 진정으로 이해할 수 없었다는 것이다.

암웨이의 윤리강령

암웨이에는 엄격한 행동 규범이 있다. 그리고 모든 디스트리뷰터가 이것을 엄수한다. 이것을 어길 때에는 암웨이가 해당 디스트리뷰터에 대해 조치를 취하거나 심지어 해직시킬 수 있다.

직접판매 또는 다단계 판매업체 전반의 평판에 관한 문제는 더욱 중요시한다. 불행히도, 부정한 짓을 저질러서 대외적으로 회사의 이름에 먹칠을 하고 돌아다니는 직원이 있다. 모든 다이렉트 셀링 회사들이 암웨이처럼 엄격한 규율을 가지고 있는 것은 아니다. 이 업계의 유수한 기업들이 워싱턴 D.C.에 있는 다이렉트 셀링 연합(DSA)의 감독 하에서 자체 단속하기로 서약했다는 사실에 비추어 볼 때 이것은 매우 유감스런 일이다.

거래하려는 업체의 신용이 어떤지를 확인하는 데 좋은 한 가지

방법은 DSA에 문의하는 것이다(전화: 202-293-5760/팩스: 202-463-4569). 회장인 닐 오펜과 그 직원들은 신용을 지키는 파수꾼 노릇을 하고 있다. DSA의 윤리강령을 엄수하는 것은 회원 기업들의 의무조건이다.

암웨이는 DSA에서 핵심적 활동을 하고 있다. 1997년에 암웨이 회장 딕 디보스가 DSA의 의장직을 역임할 예정이다.

창업자에서부터 디스트리뷰터에 이르기까지 전 암웨이 사원이 가정에 특별한 애정을 가지고 있다는 점에는 의심의 여지가 없다. 1996년의 북미 대회에서 공동 창업자인 제이 밴 앤델과 리치 디보스는 의미 있는 삶을 이루는 것으로 '네 가지 근본'을 주창했다. '가정'이 그 중 하나였다. "가정은 일차적 사회 조직이며 사랑과 보살핌, 전통과 유산을 낳는다. 가정은 지속적인 가치관, 성장을 위한 토대, 그리고 개인으로 성장할 수 있는 능력을 제공한다."라고 그들은 선언했다.

부부는 실질적으로도 암웨이에 안성맞춤이다. 수많은 부부가 함께 사업을 함으로써 한 사람은 계속 직장을 나가고 다른 한 사람은 자유롭게 암웨이 디스트리뷰터 활동을 할 수 있다. 그렇다고 해서 암웨이가 미혼 남녀를 푸대접한다든지 다양성을 용인하지 않는다는 것은 아니다. 암웨이의 디스트리뷰터는 엄청나게 다양한 환경, 직업, 생활방식, 인종 및 민족, 그리고 국적을 가지고 있다.

미혼자를 푸대접하기보다는 그들이 속한 그룹이 기꺼이 '대리' 가족의 역할을 맡는다. 그리하여 다른 곳에서는 찾아볼 수 없는 사랑과 보살핌을 제공한다.

암웨이는 종교 단체가 아니다

암웨이 코포레이션과 밴 앤델 그리고 디보스 가족은 미국 시민의 의무를 다하고 미국의 정치적 생활에 적극 참여한다. 자유 기업에 대한 남다른 신념을 고려해 볼 때 자연스럽게 자유 기업 이념을 옹호하는 후보와 정당을 지지하게 된다.

암웨이와 다른 회사의 정치적 성격이 다르다고 해서 자신의 견해를 숨길 필요는 없다. 대부분의 대기업이 정세를 관망하며 오락가락하는 데 많은 시간을 허비한다! 이런 대기업이 특정 선거에서 각 후보에게 거액을 기부하는 것도 드문 일이 아니다.

암웨이 리더는 한 번도 자신의 정치적 신념을 감추거나 얼버무린 적이 없다. 디스트리뷰터나 직원더러 그들의 정치적 신념에 동참하도록 요구한 적도 없다. 이것은 큰 조합들이 노동자에게 돌아가야 하는 봉급에서 얼마씩 강제 징수해서 자기 노동자가 그 후보를 지지하든 안 하든 상관없이, 그 조합을 지지하는 후보를 밀어주는 나쁜 관행과는 좋은 대조를 이룬다. 암웨이에서는 상상도 못하는 일이다.

　리치 디보스는 그의 삶에서 종교의 역할도 힘주어 강조한다. 그러나 암웨이 사업에 있어서는 엄격한 구분을 한다. 그는 〈믿음 (Believe!)〉는 책에서 이렇게 썼다. "사람들은 내게 묻곤 했다. '암웨이는 기독교 단체인가?' 하고. 난 항상 절대 아니라고 대답했다…… 나 개인의 신념을 강요하기 위해 암웨이를 이용한 적도 없고 반대로 암웨이를 홍보하는 데 복음을 이용한 적도 없다."

제11장
당신은 혼자가 아니다

남을 돕는 암웨이 정신
덱스터 야거의 전설적인 성공담
환경 보호에 힘쓰는 암웨이
더불어 사는 삶의 실천자들

제11장

당신은 혼자가 아니다

남을 돕는 자본주의는 일생 일대의 도전이다.
어디서 어떻게 시작해야 할지 아는 사람은 아무도 없다.
남을 배려하는 작은 행동이 출발점이라는 것만 기억하라.
그러면 그 작은 행동이 무엇이 되었든지간에 보람을 느낄 것이다.
그리고 그 보람은 보다 큰 일, 더 나은 일을 하도록 고무시킬 것이다.
남을 돕는 일은 전염성이 있다.
일단 시작하면 인생이 완전히 바뀔 것이다.
— 리치 디보스

남을 돕는 암웨이 정신

우연치고는 이상했다. 일일이 기록할 수 없을 정도였다. 내가 만난 암웨이 사람들은 이런 질문을 했다. 암웨이가 당신에게 어떤 의미를 가지는가? 이 사업이 당신의 인생에서 해 준게 무엇인가? 당신의 노력으로 거둬들인 가장 큰 보람은 무엇인가?

대답은 천차만별이었지만 공통된 주제는 하나였다. 이 사업의 가장 큰 보람은 남을 도울 수 있는 기회라는 것이다.

남을 돕기 위해 암웨이에 있다고 하는 이 한결 같은 대답을 듣기 시작할 때, 난 솔직히 믿어지지 않았다.

정계나 재계에서 수년 간 일한 나는 자선이란 가면을 쓰고 권력이나 이윤을 추구하는 행태에 대해 익숙해졌고 다분히 냉소적이었다. 암웨이 디스트리뷰터들에게 이렇게 이야기하고 싶은 마음이 들었다. "괜찮아요. 당신이 돈을 번다는 사실을 부끄러워할 거 없어요. 이타심이라는 허울을 뒤집어 쓸 필요도 없고요."

그러던 중 나는 암웨이 사업의 이면에 있는 철학을 이해하지 못했기 때문에 이러한 의심이 생겼다는 것을 깨달았다. 남을 도울수록 자신을 돕는 것이다.

남이 벌어야 자신도 돈을 번다. 그들이 성공하면 당신도 성공한다. 당신이 자립하고 재정적 자립을 이룰 수 있느냐는 남을 돕는 당신의 의지에 전적으로 달려 있다. 남을 돕는 암웨이 정신은 암웨이의 가장 성공한 사람들의 생각과 말과 행동에서 자연스럽게 배어 나온다.

크라운 앰배서더 DD인 댄 윌리엄즈와 그의 아내 버니는 그들 부부가 암웨이에 사랑을 가져다 주었다는 말이 그들에게는 최고의 찬 사라고 한다.

INA의 회장이자 수석 다이아몬드 DD인 짐 엘리엇이 내게 말했다. "내가 암웨이에 매료된 점은 남을 돕는다는 것이었어요." 수석 다이아몬드 DD인 베티 커프만과 남편 팻에게 있어서 암웨이가 주는 가장 큰 보상은 사람들이 잘되는 것을 지켜보는 것이다.

노스 캐롤라이나의 크라운 앰배서더 DD인 폴 밀러와 그의 아내 데비는 이렇게 말한다.

"우리 수입의 10%를 우리의 지역사회에 있는 교회나 기타 기관에 기부하기 전까지는 친구나 이웃이 저희의 성공을 믿지 못했어요. 당신 주머니 사정이 좋아질 때까지 남을 돕는 것을 미루지 마세요. 지금 당장 베푸세요. 당신에게 돌아오는 것을 보고 아마 놀랄 겁니다."라고 폴은 말한다.

뉴욕의 롬에서 배달업과 술장사를 했던 크라운 앰배서더 DD인 덱스터 야거는 미국 사업가 중 가장 성공한 사람으로 꼽힌다. 그는 말했다.

"사랑은 암웨이를 하나 되게 이어 주는 끈입니다. 우리는 인간관계를 성숙시킵니다. 사람은 대개 자신을 사랑하는 사람을 저버리지 못합니다."

덱스터 야거의 전설적인 성공담

19 60년대 중반, 덱스터와 그의 아내 버디는 힘겨운 생활고에서 벗어나는 게 꿈이었다. 덱스터의 꿈은 자가용을 갖는 것이었다.

밤늦게 뉴욕에 있는 직장에서 퇴근하면 언제나 발길이 시내의 한 캐딜락 판매점을 향했다. "어둠 속에서 그렇게 서 있었죠. 쇼윈도에서 반짝거리는 캐딜락을 바라보면서요. 벨벳 가죽시트와 자동 창문이 달린 하늘색 데빌을 갖는 것이 꿈이었죠. 한푼도 없었으면서요. 하지만 어둠 속에 그렇게 서서 언젠가는 저 차가 내 것이 될 거라고 다짐하고 또 다짐했어요."

그의 아내 버디의 소망은 집을 갖는 것이었다. "우리 아이들이 뛰놀 수 있는 잔디 깔린 마당과 작은 연못이 있는 집을 꿈꾸었어요. 평화롭고 안전한 동네에 있는 집을요."

1964년 야거는 당시까지만 하더라도 아직 생소한 사업을 시작했다. 친구와 친척들이 뭔가 미심쩍다고 말렸었다. 일을 시작한 지 10주만에 암웨이 판매 컨테스트에서 우승해서 미시건주 에이다시에 방문할 기회가 왔다.

그러나 덱스터의 상사는 휴가를 내 주는 것을 거절했다. 그리하여 그는 일생에서 가장 중요한 결단을 내렸다. 자신의 사업을 시작하기 위해 다니던 직장을 과감히 그만둔 것이다.

덱스터는 회상한다. "원하는 것에 집중하는 법을 배웠어요. 자기들 꿈이 내 꿈보다 중요하다고 생각하는 사람들로부터 내 삶을 되찾아야 했어요. 항상 나는 미래에 대한 꿈을 가지고 있었어요."

70년대와 80년대에 걸쳐 그가 이룩한 성공은 눈부실 정도였다. 덱스터 야거의 성공담은 업계에서 전설처럼 되었다. 1955년형 포드와 뉴욕주 북부의 작은 집 대신에 노스 캐롤라이나 샤로트에 있는 콜로니얼풍 저택과 고가의 고풍적인 자가용을 가지게 되었다. 야거의 사업은 전세계에서 수십만 명의 디스트리뷰터를 거느리게 되었다. 암웨이로 가능한 이런 성공에 낯설지 않은 리치 디보스마저도 그의 성공에 입을 다물지 못했다. "다섯 명의 미국 대통령이 전직 맥주 판매원이었던 사람과 그의 아내를 백악관에 귀빈으로 초대하였다."라고 리치는 말한다.

덱스터와 버디의 일곱 자녀 모두가 암웨이에서 적극적으로 활동하고 있다. 덱스터가 즐겨 하는 이야기 중 이런 것이 있다. 그의 대학생 딸이 하루는 학교에서 돌아와 이렇게 말했다고 한다. "아빠가 한 말에 사사건건 토를 달던 경제학 교수님이 있는데 그만 파산했

대요!" 덱스터의 이야기가 옳았다는 것이었다.

야거씨 부부는 엄청난 부유함을 누리게 되었지만 힘들었던 과거를 절대 잊지 못한다. 그는 수많은 자선 기부를 했고 자유 기업 정신을 가르치는 어린이 캠프의 문까지 열었다. 삶은 풍요로웠고 보람 있었다.

1986년 10월의 어느 날 덱스터는 뇌졸중으로 갑자기 쓰러졌다. 중환자실로 실려간 그는 오른쪽 수족이 마비되었고 걸을 수가 없었다. 버디는 의사들의 절망적인 진단을 들었다. "전문의들이 그러더군요. 덱스터가 살더라도 다신 걸을 수 없을 거라고. 가족들이 모두 그의 병상 주변에 모였어요. 우린 두려웠어요. 그 정열이 넘치고 자부심 강한 사람이 죽을 때까지 저렇게 무기력하게 마비된 채로 누워 살아야 하다니. 우리가 할 수 있는 일이라곤 덱스터가 어서 기운을 차려 그가 일어서게 해달라고 기도할 뿐이었어요."

덱스터는 더 이상 남을 도울 수 없을 거라는 악몽에 시달렸다. "지난 20년 동안 내가 사랑하는 사람을 돌보며 열심히 살아왔어요. 이제 그들이 나를 돌보게 된 거죠."

병상에 누워 있는 동안 그에게 쏟아진 사랑과 애정이 덱스터를 일어나게 했다. 수천 장의 위문 카드, 전화, 꽃다발이 전세계에서 날아들었다. 덱스터는 맹세했다. 다시 걸을 것이라고. 의사의 말 따위는 믿지 않겠다고. 그를 강하게 만들었던 사랑하는 사람들을 위해서라도 다시 일어날 것이라고.

리치 디보스는 그 감동적인 순간을 이렇게 기록하였다.

1988년말, 노스 캐롤라이나의 한 대회장은 덱스터와 버디의 친구와 동료들로 발디딜 틈이 없었다. 각본은 간단했다. 버디가 휠체어를 탄 덱스터를 단상까지 밀어오는 것이었다. 그는 마비가 안 된 쪽 팔을 흔들 것이고 몇 마디 격려사를 한 뒤에 휠체어를 타고 단상을 내려가면 되는 것이다⋯⋯

그때 덱스터가 나타났다. 휠체어는 없었다. 그는 걷고 있었다. 한 발짝 끌어당기고 다시 한 발짝. 그러나 분명 그는 걷고 있었다. 어둡게 깔렸던 침울한 분위기가 일순간 기쁨으로 가득 찼다. 사람들의 눈에는 눈물이 고였다. 슬픔의 눈물이 아니라 기쁨과 감사의 눈물이었다. 덱스터는 그렇게 걷고 있었다.

사랑하는 사람들이 덱스터 야거가 힘들어할 때 쓰러지지 않게 도왔다는 사실을 덱스터 야거는 알 것이다. 물론 그도 수천 명의 삶을 크게 향상시켰다.

댄 윌리엄즈는 30년 넘게 덱스터 야거를 알고 지냈다. 그는 내게 이렇게 말했다. "덱스터는 남을 돕지 않고는 못 배기는 사람입니다. 난 아직도 그때 일을 잘 기억해요. 몇 년 전 나와 버니가 리오데 자네이로에서 열리는 대회에 참석하기 위해 가는 중이었는데 공항에서 짐 때문에 낑낑대고 있었어요. 그때 덱스터가 멀리서 우릴 보더니 얼른 뛰어와 가방을 들어주었어요. 생각해 보세요. 그는 얼마 전 뇌졸증으로 쓰러졌던 사람이었어요. 우리 주위에 사람이 많았지만 우리를 돕겠다고 자청한 사람은 다름 아닌 덱스터 야거였어요. 그는 타고난 봉사자예요. 남을 도울수록 더 큰 보람을 얻게 됩니다."

환경 보호에 힘쓰는 암웨이

댄의 말을 생각하면서 문득 1996년 5월 17일자 〈USA 투데이〉지의 1면 기사의 머릿기사가 생각이 난다. 기사의 제목은 '클린턴 대통령, 기업주들에게 재산분배를 촉구하다.' 대통령의 주장은 최근 워싱턴의 노동성 장관 로버트 레이치와 하원 소수당 당수 리처드 게파트의 일련의 주장 중 하나에 지나지 않는다. 그들은 '좋은 기업가의 시민정신'을 촉구하면서 세금 규정을 수정할 궁리를 하면서 여전히 자신들이 사회적으로 책임 있는 행동을 하는 척한다. 한편, 밥 돌과 같은 보수당 당수는 기업 할리우드에 강경한 어조로 섹스와 폭력이 없는 연예 오락산업을 촉구했다.

정부의 주장 때문에 잊고 지내는 것은 미국 자유 기업 체제가 인간 역사상 가장 광범위한 경제 부흥을 낳았다는 점이다. 이것은 사회적 책임에서 절대 작은 기여가 아니다!

창업자 가족에서부터 신입 디스트리뷰터에 이르는 암웨이 가족에는 정부의 설교가 시끄러운 잔소리로만 들린다. 내가 처음 참석한 암웨이 디스트리뷰터 미팅은 남부 캘리포니아의 INA가 조직한 부활절 씰을 위한 기금모금 행사였다. 난 그들과 사업 이야기를 하고 싶었다. 하지만 그들은 부활절 씰 이야기를 하고 싶어했다.

암웨이는 독특한 방식으로 묵묵히 사회 문제에 참여하였다. 모범을 보여 지도하였고 필요한 곳에 돈을 지원하였다.

유엔이 주도하는 세계환경보호에 참여하거나 또는 빈민가 초등학교와 결연을 맺어서 암웨이 직원과 학생들이 펜팔하는 프로그램을 만들든지 해서, 공동 창업자 리치 디보스의 '더불어 사는 자본주의'의 정신을 실천하였다.

더불어 사는 삶의 실천자들

암웨이는 70개가 넘는 국가에서 활동하고 있는 국제적 기업이다. 그 창업자와 리더들은 전세계 대통령, 국왕, 업계 리더들과 친구관계를 유지했다. 그러나 암웨이는 두 남자와 그 아내들이 그랜드 래피즈 교외에 있는 집의 지하실에서 땀흘려 일할 때부터 소중하게 생각했던 이웃 사랑을 잊은 적이 없다. 길모퉁이에서 일어나는 사소한 일도 세계적 사건만큼이나 암웨이 팀에게는 중요한 일이다.

미시건주 그랜드 래피즈시에 미친 영향을 보라. 도시 중심에 있는 암웨이 그랜드 플라자 호텔의 문을 나서면 시야에 6천만 달러 규모의 밴 앤델 원형 경기장이 모습을 드러낸다. 거리를 따라 걸어가면 강가에 밴 앤델 박물관 센터가 있다. 이 3천 9백만 달러의 프로젝트에 제이 밴 앤델과 그의 아내 베티가 6백만 달러를 기부했고 그들의 소장품인 미시건주 화가 레이놀드 와이드나의 작품 7백 점을 기증했다. 또한 예술을 위한 디보스 홀이 있고 존 볼 동물원에는 밴 앤델 해양수족관이 있다.

시스비 초등학교는 그랜드 래피즈의 빈민가에 위치한다. 아동의 88%가 소외된 가정의 아이들이다. 암웨이 가족이 그 학교를 교육 파트너 프로그램을 만들어 학생들이 기본적인 기술을 익히고, 좋은 습관을 개발하고, 적극적이고, 긍정적인 마음가짐을 가지도록 한다. 펜팔 프로그램이 시스비 학생과 암웨이 직원을 서로 이어 주었다. 유사한 프로그램이 캘리포니아에서 오스트리아에 이르는 암웨이 디스트리뷰터에 의해 전파되었다. 어린이를 위한 그랜드 래피즈 장난감 프로그램과 인도네시아와 브라질의 유니세프에 있는 고아원도 암웨이의 도움을 받았다.

흑인대학 연합기금을 통한 장학금 지원, 스탠포드 대학에 증여된 질병예방 강좌, 경제 교양을 위한 '주니어 어치브먼트 프로그램' 지원 등등 암웨이에 있어서 교육은 중요한 가치를 가진다.

'지구의 날'이 제정되기 오래 전부터, 그리고 환경보호국(EPA)이 신설되기 오래 전부터 암웨이는 환경보호 제품과 기업정책을 제시했었다. '환경'이 주목을 끌기 오래 전부터 암웨이는 이 문제에 관심을 가졌다.

암웨이의 최초 제품은 엘오씨 다목적 합성세제였다. 이 합성세제에는 인산염이 아닌 자연 분해될 수 있는 성분만 들어 있다. 지구

오존층을 보호하기 위해 전세계적으로 암웨이 에어졸 제품들이 모두 환경 친화적인 분무식 제품으로 바뀌었다. 이는 보다 유해한 분무식 제품이 국제적으로 금지되기 오래 전의 일이었다.

암웨이의 환경에 대한 기여는, 이제까지 업계에 결코 좋은 평가를 내리지 않았던 단체들로부터 인정되었다. 특히 제조부문 회사와 보수적 정치에 관여된 회사들은 비난과 감시의 대상이었다. 1989년, 암웨이는 유엔 환경 프로그램상을 수여했다. 환경교육에 대한 암웨이의 공로를 인정하는 상이었다. 1991년 미국 야생동물 연합은 암웨이의 다각적인 보존 노력을 인정하였다.

하지만 기업의 기부나 사회 사업은 새삼스럽거나 드문 일이 아니다. 많은 기업들이 좋은 이웃과 근실한 기업 시민이 되려고 노력한다. 이러한 프로그램에는 자사를 홍보하는 성격이 다분하다는 것도 사실이다. 의도가 아무리 좋더라도, 결국 월급 받는 사장은 '타인의 돈'을 기부한 셈이다. 즉, 주주의 돈이다. 따라서 대부분 홍보 효과를 극대화 하기 위해 '기업 이미지'를 창조하는 광고 회사와 결탁해서 이루어진다. 이런 측면에서 정부를 따라갈 기업이 없다. 선출 공무원이 공공 사업에 국민 세금을 펑펑 쓰고 난 뒤 자신의 공로를 자찬하는 촌극이 자주 벌어진다.

암웨이의 돈은 진짜 돈이다. 절대 다른 사람의 돈이 아니다. 디스트리뷰터에서 회사에 이르기까지 자선사업에 기부된 수백만 달러가 실제로 돈 번 사람의 주머니에서 바로 나온다. 이것은 힘들게 일해서 번 돈이고 기쁘게 기부하는 진짜 돈이다.

그러나 그것은 돈 이상의 가치를 가진다. 부활절 씰을 지원하도록 모든 사업 네트워크를 지도했다. 제품 개발 연구실 실험에 동물 사용을 금지하는 것부터 작업장에서 일어나는 되풀이되는 노동 부상을 예방하기 위한 현재의 실험(인간공학)에 이르기까지, 암웨이는 시대를 앞서간다. 절박한 사회적 문제와 씨름하는 선두 주자이다. 사회적 의식이 이윤 추구와 결코 모순되지 않는다는 사실을 암웨이가 증명한 것이다.

그러나 무엇보다도 암웨이의 사회 기여 중 가장 큰 것은, 암웨이 사업 기회를 누구나 쉽게 가질 수 있게 하는 점이다. 암웨이의 가족이 되는 데는 화려한 집안 배경, 고위층과의 연줄, 또는 여러 장의 대학 학위가 필요한 것이 아니다. 인종, 민족, 또는 종교도 관계 없다.

기업 활동을 옹호하는 연설에서 '남이 잘돼야 나도 잘된다' 라는 문구가 잘 인용된다. 암웨이 성공전략은 그 구호를 더욱 실감나게 한다. 주변 사람들을 성공하도록 도와야 자신도 성공한다. 아주 간단한 원리이다. 트리플 다이아몬드 DD인 브라이언 헤이즈는 자신의 다운라인 중 한 사람이 다른 새 디스트리뷰터 부부로부터 받은 편지에 관해서 이야기하였다. 그 편지는 꾸밈이 없었고 솔직했다. 편지 내용은 그의 가족에 심각한 돈 문제가 생겼고, 자식의 밥값도 충분치 않았는데 파트타임으로 암웨이 일을 했다고 한다. "이 사업으로 많은 돈을 벌진 않아요. 하지만 이거 아세요? 우리가 버는 적은 돈으로나마 이제 아이들 점심으로 샌드위치를 만들 수 있어요. 아이들을 빈 도시락으로 학교에 보내지 않게 되었다는 점에서 암웨이의 수입은 모든 것을 바꾸어 놓았어요."

크건 작건 간에 암웨이와 같은 사업은 전세계 사람들에게 자본주의 의미를 재정립시킨다. 물질적 풍요를 낳는 데는 성공적이지만 자본주의 원리는 '먹고 먹히는' 관계라고 우리는 배웠다. 암웨이는 우리의 사고방식을 자유 기업의 성과에 관해서가 아니라 그 이면의 정신에 관해서 바꾸고 있다. 먹고 먹히는 것이 아니라 사람이 사람을 돕는 것이다.

제12장
진실의 순간

꿈을 제공하는 기업
역사적 추세에 동참하라
대망을 꿈꿀 기회
인생을 바꾸어 놓은 암웨이
벽이 없는 제국
자유, 그 아름다운 말의 울림

제12장

진실의 순간

오늘 이 자리에 모인 우리 같은 사람들과 우리 자손이
바로 미래 세계의 자유를 결정할 사람이라는 것을
저는 믿습니다.

- 크라운 앰배서더 DD 빌 브리트,
버지니아 노포크에서 열린 자유 기업 집회에서

꿈을 제공하는 기업

나는 버지니아주 스프링필드시의 딘 가족을 한 번도 만나 본 적이 없었고 개인적인 이유로 그들과 연락하지 않기로 했다. 그들이 암웨이 사원인지 혹은 그들이 암웨이에 관해서 아는지조차 도 모르겠다. 그러나 현지 언론에도 알려졌듯이 딘씨 가족의 치열한 생존, 희생, 그리고 인내에 관한 이야기는, 자유에 대한 인간의 열망이 얼마나 강렬한지를 새삼 되새기게 한다.

1996년 5월 17일은 딘씨 부부의 여섯째 아이가 버지니아 대학을 졸업하던 날이었다. 버지니아 대학은 바로 미합중국 독립선언문을 작성한 토마스 제퍼슨이 설립한 대학이다.

여섯 명의 자녀 모두가 버지니아 대학을 졸업했다.

1996년 졸업식날에 딘씨 부부에게는 1975년 4월 30일은 너무나 오래된 것으로 느껴졌다. 그날은 바로 사이공이 베트콩에게 함락되던 날이었다. 감옥으로부터 물이 새는 보트로, 거기서 다시 피난민 수용소로 전전하면서 갖은 험난한 여정을 거쳐서 드디어 딘씨 부부는 자유의 나라 미국의 품에 안겨 새출발을 시작하였다. 1백만 명의 다른 베트남인도 마찬가지였다. 수천 명이 그 여정에서 목숨을 잃었다. 캄보디아를 지나며 지뢰를 밟아 숨지고 태국 영해에서 해적을 만나 살해되고 남지나해상에서 폭풍을 만나 익사했다.

미국에서의 삶도 쉽진 않았다. 베트남에서 엘리트 교육을 받았던 딘씨 내외는 가족을 먹여 살리기 위해 온갖 힘든 노동일을 했다. 그리고 서로의 근무 시간을 조정해서 부부 중 한사람이 집에 남아 아이들을 보살폈다.

아이들은 하나 둘씩 학교에서 전과목 A학점을 받아 왔다. 그러더
니 버지니아 대학에 입학해서 부모를 자랑스럽게 했고, 그들의 모
든 위험과 희생을 값진 것으로 만들었다.

아버지인 수니 딘은 자신들이 해낸 일이 별 것이 아니라고 생각
한다. "많은 사람들이 성공할 수 있다는 믿음을 잃고 있어요. 아메
리칸 드림은 더 이상 존재하지 않는다는 식이죠. 하지만 우리가 무
일푼으로 시작해서 이 순간까지 올 수 있었다면, 다른 사람도 그럴
수 있다고 생각합니다. 굳은 믿음을 가지고 서로를 존중해야 해요.
그리고 나가서 해야 할 일을 하면 되요." 딘씨 부부는 꿈을 포기한
적이 한 번도 없었다. 그들의 꿈도 그들을 저버리지 않았다.

전에는 딘씨 부부의 이야기가 놀랍고 보기 드문 일이라고 생각했
다. 그건 분명 놀라운 이야기이다. 그러나 이러한 놀라운 일들이
그렇게 보기 드문 일이 아니라는 사실을 알게 되었다. 매일 전세계
구석구석에서 반복되고 있다. 단지 이름만 바뀌고 내용이 다를 뿐
이다. 피부색과 종교가 다를 뿐이다. 이러한 성공 사례들은 공통점
이 있다. 바로 암웨이의 이야기인 것이다.

암웨이 기회가 이상적인 이유는, 딘씨 가족처럼 자유의 대열에
동참하기 위해 물이 새는 보트를 타고 대양을 건너지 않아도 된다

는 것이다. 암웨이는 집을 떠나라든지 아니면 다니던 직장을 그만 두라든지 또는 평생 모은 저축을 투자하라고 요구하지 않는다. 암웨이가 요구하고 제공하는 유일한 것은 여행을 시작하라는 것이다. 우정, 지원, 현명한 조언을 받으며 다른 사람과 나누게 되는 여행이다. 옆에 친구가 생기고 당신의 인생을 바꿔놓을 여정인 것이다.

하원의장 뉴트 깅그리치는 '미국 문명의 역사' 라는 강의에서 학생들에게 이렇게 말했다. "미국에서는, 혼자가 될 자유가 동참할 자유를 가능케 한다."

역사적 추세에 동참하라

"미 국인은 동참하는 자들이다."라고 프랑스 작가 알렉스 드 토케빌은 1840년의 젊은 미국의 성향을 기술하였다. 그것은 아직도 맞는 말이다.

우리는 홀로 서기를 할 자유도 있고 동참할 자유도 있다. 선택은 자신의 것이기에 우리는 동참을 선택한다. 수석 다이아몬드 DD인 글렌 베이커와 그의 아내 조야는 이 사실을 암웨이와 미국에서 발견했다.

글렌은 그룹 내의 다른 디스트리뷰터에 관해 이렇게 말했다. "그들

모두가 같은 과정을 거쳤다는 것을 알게 되었어요. 우리가 한배를 탄 사람이라고 했더니 일제히 같은 방향으로 노를 젓기 시작했어요.”

자신의 사업을 시작하겠다고 결심하는 순간, 즉 상사를 위해 일하는 쳇바퀴 같은 삶에서 자유로와지는 순간 당신도 ‘동참자’가 되는 것이다.

세계적 그리고 역사적 추세에 동참하는 것이다. 당신은 스스로 새 출발을 하지만 결코 혼자가 아니다.

이것은 거대 정부와 대기업의 울타리를 박차고 나오는 순간이다. 개인의 잠재력 발견을 축하하는 동시에 개인을 지원, 교육, 우정, 그리고 사랑으로 키우는 순간이다.

흩어졌던 가족이 다시 모이고 산산 조각난 꿈을 다시 맞추는 순간이다. 이것은 아주 쉽게 대륙과 문화를 초월한다.

이것은 미국 내 자영업자가 급격히 증가하는 추세에서 똑똑히 확인할 수 있다. 현재 미국에는 1천 5백만여 명 자영업자가 있다. 노동 인구의 12%에서 최고 17%에 달하는 수치이다.

전세계에서 이러한 움직임이 일어나는 것을 확인할 수 있다. 암웨이가 새로운 국가에 진출해서 문을 열 때마다 희망에 찬 사람들이 물밀듯이 밀려오는 것이 이를 잘 증명해 준다.

대망을 꿈꿀 기회

꿈은 막강한 힘을 가지며 이러한 추세는 계속 가속화되고 있다. 물론 어려움도 있다. 아직도 편협한 이해집단, 규제자, 세금 징수자들이 야근까지 해 가며 기업가에게 짐을 지울 구실을 찾는다. 새로운 해외 시장의 암웨이 개척자들도 회의적이고 의심 많은 정부의 방해 공작을 받아 왔다.

윈스턴 처칠은 이런 명언을 남겼다. "어떤 사람은 사기업을 우유를 짜내야 하는 암소로 본다. 다른 사람은 쓰러뜨릴 목표물로 본다. 그러나 마차를 끄는 우직한 말로 보는 사람은 별로 없다." 헨리 데이비드 소로의 표현을 빌리자면 암웨이는 '대망을 꿈꿀' 기회를 제공한다.

오늘날 팽배해진 비관적 사고가 우리의 꿈마저 잠식시키는 것을 거부하는 움직임이 바로 암웨이다. 언젠가 한 일류 대학의 강의실 밖으로 이런 문답이 들렸다. 한 학생이 질문하였다. "인류의 가장 자유롭고 공정하고 생산적인 경제 시스템이 사기업과 이윤 추구를 바탕으로 한다는 말씀입니까?" 교수는 이렇게 답했다. "그렇지. 그것이 바로 자유 기업이라는 것이네."

"신문을 접고 텔레비전을 끄고 비관적 사고를 집어던져라."라고 제이 밴 앤델과 리치 디보스는 20년 전에 말했다. 오늘날에 적절한 조언이다.

수석 다이아몬드 DD인 데이브 세븐과 그의 아내 잔은 부정적 견해를 거부하는 것이 암웨이 사업에서 성공하는 핵심 요건이라고 믿는다. 데이브는 내게 말했다. "비판하는 사람들 말에 신경 쓰지 마세요. 그냥 밀고 나가세요. 그게 중요해요."

이것은 자신들의 경험에서 나온 말이다. 1970년말에 데이브는 공인회계사였고 잔은 한 보험회사의 비서였다. 단 한가지 문제가 있었다. "시속 1백마일 속도로 파산하고 있었어요. 너무 어리석어서 미처 그걸 몰랐어요."라고 데이브는 말했다.

그들은 뭔가 변화가 필요하다는 것을 깨달았다. 데이브와 잔은 열심히 일했고 원리 원칙대로 살았다. 그러나 여전히 여유 없고 희망 없는 생활이 계속되었다. 결혼 생활마저 어려워지기 시작했다.

데이브의 대학 동창이 10년 만에 느닷없이 나타나서 암웨이 플랜을 소개했을 때 세븐씨 부부는 삶의 주인이 될 기회를 얻었다. 그러나 처음 6개월 동안 "우리는 아무것도 못했어요."라고 잔은 회상한다. 비판과 부정적 의견이 거셌고 세븐씨 부부는 그런 말을 귀담

아 들었던 것이다.

그러나 얼마 후 그들 부부는 마음을 바꾸기로 했다. 그들을 지도하는 론과 조지아 리 퓨리어의 믿음직하고 확고한 도움을 받아서, 세븐씨 부부의 사업은 성장했다. 시작한 지 17개월 만에 그들의 수입은 공인회계사로 일할 때의 4배가 되었다.

인생을 바꾸어 놓은 암웨이

1978년 11월 28일은 데이브의 마음속에 영원히 잊혀지지 않을 것이다. 풀타임으로 암웨이에서 일하기 위해 다니던 직장을 그만둔 것이다. "우린 자유로워지기 위해 암웨이에 들어왔어요." 잔이 내게 말했다. 그리고 세븐씨 부부는 이제 18년째 자유를 만끽하고 있다. 암웨이가 있었기에 엄청난 가족의 치료비를 부담할 수 있었고 자신의 스케줄을 짜고 자녀에게 좋은 교육적 기회를 제공했고 워싱턴 스포케인에 있는 집과 아이다호에 있는 목장 사이를 오갈 수 있었다.

"암웨이는 우리 인생을 완전히 바꿔놓았어요. 이것은 미국을 바꿀 수 있는 유일한 방법이죠. 위로부터가 아닌 밑으로부터의 변화죠. 그것이 바로 미국에서뿐만 아니라 세계 곳곳에서 암웨이가 하는 일입니다."

인도네시아에서 다이아몬드 DD가 된 로버트 앙카사는 이렇게 생각한다. "남들이 너는 할 수 없다고 하는 일을 했을 때 엄청난 기쁨을 느끼죠." 그는 하와이 해변을 즐기던 시절을 들려주었다. 그에게 절대 성공하지 못할 거라고 부정적으로 말했던 모든 고향 사람들에게 아름다운 우편엽서를 띄웠다.

"처음에 부정적이었던 사람들에게 감사해요. 그들 덕분에 더 오기가 생겼거든요." 라고 로버트는 말한다.

그 해변으로 가기까지에는 기나긴 여정이 기다리고 있었다. 로버트는 인도네시아에서의 어린 시절을 회상했다. "전 네 아이 중 셋째였어요. 특별한 대접을 못 받는다는 뜻이죠. 아버지는 40 평생을 노동자로 일했지만 퇴직하실 때 아무런 인정도 받지 못했어요. 인정을 받는 다는 것이 사람에게 진정으로 중요한 것이라고 생각했어요. 나는 아버지 같은 인생을 살고 싶지 않았어요."

로버트는 호주로 가서 웨이터, 환경미화원 등 온갖 어려운 일을 하면서 학교를 마쳤다. "'운'이라는 말은 '일'이라는 말로 다시 쓸 수 있어요. 즉, 운은 일을 해서 생긴다는 뜻이죠."

그는 기업조직의 일원으로 일하고 싶었다. 그래서 마침내 시티뱅크의 좋은 관리직까지 올랐다. 그러는 동안 호주에서도 암웨이 사업을 소개받았지만 인도네시아 암웨이가 곧 문을 연다는 소식을 듣고 나서야 귀국을 결심했다.

1992년 1월에 그해 말 암웨이 개점을 준비하기 위해 돌아왔을 때 그를 기다린 것은 실망뿐이었다. 안내책자, 제품, 암웨이 키트, 교육 자료가 하나도 없었다. "사람들은 내가 사기꾼이라고 생각했어요."라고 그는 당시를 회상한다.

그는 기업세계로 되돌아갔다. 그곳 기업에서도 그는 일을 잘해냈다. "하지만 호주의 제 업라인이 계속 전화를 걸어 왔어요. 그래서 전 두 가지 일을 동시에 했어요. 직장을 다니면서 이 사업을 키우는 것이죠. 하루 4시간씩만 잠을 잤죠. 알람 시계가 보기 싫을 정도였죠."

벽이 없는 제국

인도네시아에서 '네트워크 21'의 발대식을 준비하면서도 그는 당국과의 많은 마찰을 겪었다. 각종 허가를 받아야 했고 온갖 법규를 지켜야 했다. 집회가 당일에 연기되어 디스트리뷰터 대상을 놓치기도 했다. "계속 사업에 매달린 사람들은 결국 성공했어요."

현재 인도네시아의 75개 도시에서 열리는 로버트와 그의 그룹의 암웨이 대회에는 수천 명의 사람들로 발디딜 틈이 없다. 가난한 사람들은 돈을 긁어모아서 이 대회에 참석할 여비를 준비한다. 버스 역에서 새우잠을 자가면서도 꿈을 찾아 모이는 것이다.

"인도네시아의 수천 명의 삶이 많이 바뀌었어요. 모두 이 사업 덕분이죠." 로버트는 그의 미국인 친구들에게 말했다. "인도네시아에서 할 수 있다면 여러분도 역시 할 수 있어요."

로버트 앙카사에게 성공의 의미는 다른 것이 아니다. "더 이상 알람 시계가 필요 없어요!"

로버트의 이야기도 딘의 사례처럼 놀라운 일이긴 하지만 보기 드문 일은 아니다. 그는 오랜 시련을 견뎌 냈고, 열심히 일했으며, 주위의 부정적 시선을 극복하고 우뚝 섰다.

우리 역사의 놀라운 순간을 생각한다면 그것은 그리 어려운 일이 아닐 것이다. 생각해 보라. 자본주의가 아닌 마르크스주의가 역사의 잿더미로 몰락했다.

리처드 닉슨이나 니키타 크루시체프의 손자들도 자유민주주의 체제하에서 살고 있다. 베를린 장벽은 무너진 지 오래고, 그 장벽의

돌 조각은 발빠른 장사꾼들에 의해 기념품 수집광들에게 팔렸다. 결함투성이의 전제로 절망에 빠진 미국인은 자립을 포기하고 요람에서 무덤까지의 정부 복지에 의존하면서 '기득권의 시대'가 빠르게 무너지고 있다.

옛 제국의 폐허 속에서 새 제국이 뿌리내리고 있다. 바로 암웨이라는 자유의 제국이다. 세계 곳곳의 2백 50만 디스트리뷰터들이 병사들인 셈이다. 수백만이 21세기로 향하는 행진에 동참할 것이다.

이것은 벽이 없는 제국이다. 그 군대에는 총이 없다. 정복이 아닌 해방을 꿈꾼다.

꿈꾸는 인간이 가지는 무한대의 역량을 해방시키려는 것이다. 가족 곁에서 스스로 자립하겠다는 꿈은 너무 큰 것도 너무 작은 것도 아니다.

이 움직임에 동참할 준비가 되었는가? 꿈과 상상력의 족쇄를 끊어낼 준비가 되었는가? 거절의 위험과 골수 냉소주의자와 전문 비평가들의 비난을 기꺼이 감수하겠는가? 꿈을 하나씩 실현하기 위해 정말 열심히 일할 준비가 되었는가?

만약 '예스'라고 대답한다면 당신은 이제 국제 경제를 변모시키고 있는 역사적인 비즈니스 운동의 일원이 된 것이다. 전세계인과 그들의 문화 깊숙이 사랑과 이해를 전파하는 사명을 지닌 가족의 일원이 되었다.

암웨이에 동참하면 인류 역사상 가장 위대한 시도의 주체가 되는 것이다. 즉, 남이 성공하도록 도울 때 자신이 성공하는 자유 기업 시스템이다.

이제까지 나는 자유 기업을 머리로 이해하고 그것을 옹호하는 데 정열을 쏟았다. 그러나 그것을 가슴으로 이해하진 못했다. 자본주의는 언제나 아름다운 추상화 같은 존재였고 멀리서 숭배하는 대상이었기에 늘 거리를 두었었다.

자유 기업인을 치켜세우면서도 정작 내가 그렇게 되는 것은 두려워했다. 당신도 두려움을 느낀다면 나는 그 심정을 이해할 수 있다. 그러나 이 책의 영웅들이 한 일을 왜 당신이라고 못하겠는가?

트리플 다이아몬드 DD인 체리 매도우의 말은 명쾌한 지혜를 전한다. "우리가 저지를 수 있는 가장 큰 실수는 알면서 하지 않는 것이다. 너무 많은 사람들이 뭔가 일어나기만 앉아서 기다린다. 찾아나서서 그것을 가능하게 해야 한다."

덱스터 야거가 언젠가 한 말이 아직도 귀에 쟁쟁하다. "실현되지 않은 꿈은 적 중의 적이 짓누르는 것이다. 그 적은 바로 실패에 대한 두려움이다."

자유, 그 아름다운 말의 울림

나는 자본주의에 대해 잘 알고 있다. 자본주의의 정신과 정열을 발견하고 싶었고 발견했다. 여러분도 그러길 바란다.

자유. 이것은 세상에서 가장 아름다운 말이다. 꿈을 간직할 자유, 도전할 자유, 그리고 두려움 없이 높이 도약할 자유가 있다. 열린 가슴으로 암웨이 사람들은 당신을 껴안을 준비가 되어 있다. 내게도 그랬듯이.

부록
암웨이의 윤리강령

부록 :
암웨이 윤리강령

암웨이 윤리강령

암웨이의 윤리 강조는 그 윤리강령에서 잘 드러난다. 모든 디스트리뷰터는 암웨이에 가입할 때 이 윤리강령을 준수하기로 동의한다. 그 규범은 다음과 같다.

암웨이 디스트리뷰터로서 나는 암웨이 사업을 아래 원칙에 준하여 이행하기로 동의한다.

- 나는 '황금률'을 사업 원칙으로 정할 것이다. 내가 받기를 바라는 대로 내가 남에게 해주도록 노력할 것이다.

- 나는 암웨이 공문서와 기타 문헌에 제시된 행동 규범을 준수할 것이다. 규율의 정신을 따를 것이다.
- 나는 믿음과 정직으로 암웨이 제품과 암웨이 사업 기회를 고

객에게 소개할 것이다. 암웨이의 공식 문서가 허락하는 한도 내에서 내 소견을 펼칠 것이다.

- 나는 고객의 불만을 신속하고 친절하게 처리할 것이다. 교환이나 환불 문제는 암웨이 공식 문서에 기술된 절차를 따를 것이다.

- 나는 암웨이 디스트리뷰터로서의 나의 행동이 내 사업뿐만 아니라 다른 암웨이 디스트리뷰터의 사업에도 광범위한 영향을 미친다는 것을 알기 때문에 성실, 정직, 그리고 책임 있는 행동을 할 것이다.

- 나는 암웨이 공식 문헌에 기술된 암웨이 디스트리뷰터(그리고 스폰서와 다이렉트 디스트리뷰터로서의)의 책임을 이행할 것이다.

- 나는 '암웨이 판매 및 마케팅 플랜'과 암웨이 제품에 관련해서 암웨이가 허가, 제작한 문헌만을 이용할 것이다.